珙县

僰人岩画

——图形研究——

范钦润 著

九州出版社
JIUZHOUPRESS

图书在版编目（CIP）数据

珙县僰人岩画图形研究 / 范钦润著 . -- 北京 ：九
州出版社，2024.5
ISBN 978-7-5225-2883-0

Ⅰ．①珙… Ⅱ．①范… Ⅲ．①岩画－研究－宜宾
Ⅳ．①K879.42

中国国家版本馆CIP数据核字（2024）第 092217 号

珙县僰人岩画图形研究

作　　者	范钦润　著	
责任编辑	刘　嘉	
出版发行	九州出版社	
地　　址	北京市西城区阜外大街甲 35 号（100037）	
发行电话	（010）68992190/3/5/6	
网　　址	www.jiuzhoupress.com	
印　　刷	成都市兴雅致印务有限责任公司	
开　　本	889 毫米 ×1194 毫米　16 开	
印　　张	14.5	
字　　数	260 千字	
版　　次	2024 年 5 月第 1 版	
印　　次	2024 年 5 月第 1 次印刷	
书　　号	ISBN 978-7-5225-2883-0	
定　　价	68.00 元	

穿越时空的探寻之旅

图像艺术是历史的显学，英国历史学家彼得·伯克（Peter Burke）在其著作《图像证史》中谈道："图像如同文本和口述证词一样，也是历史证据的一种重要形式。"我们从哪里来？往哪里去？这一永恒之问，促使各民族、各地区的人们不停寻根，也使人们铭记自己的祖先，追忆民族的历史，记录民族发展和变迁的历程，思考民族的未来。僰人历史久远，三国时期，蜀汉南部，即今四川南部和云南、贵州，被称为"南中"，散居着许多少数民族，总称"西南夷"，这些少数民族中，就有僰人。岩画是珙县僰文化的独特标识，这一重大发现无疑对研究僰人文化、习俗、历史等具有重要的价值，让我们离揭开僰人之谜更近了一步。

《珙县僰人岩画图形研究》不仅是一本岩画的采集与应用专著，更是一场穿越时空的探寻之旅，一次深入人心的体悟之旅。范钦润老师带着浓浓的情感执着于对僰人岩画图形的探究与对话，续写了一段历史时空下的图像美好瞬间，而这份"追寻"既是对历史图像无穷魅力的探寻，也是对"僰乡"图语的文化传承和转译。在书中，钦润以岩画为媒，探讨了历史与美的交织，展现了岩画在不同文化背景下的多样形态。僰人岩画极其珍贵，其内容丰富、线条粗犷、构图简练、形象逼真，具有浓郁的民族艺术风格、重要的历史价值和观赏价值，也是研究川南一带少数民族历史发展的实物材料。而本书则进一步延伸了这一主题，不仅探寻岩画的自身视觉符号，更深入挖掘符号与图像所带来的情感、思想与灵魂的触动。

阅读此书后，之所以反复搁笔，迟迟不能写下一段文字，实是感叹于钦润老师的独特视角，纠结于简短的文字难以描述我肤浅的理解。钦润是一位有着丰富人生经历的教师，也是深谙图像之美的设计师，在我看来，本书的系统研究成了一次对灵感源泉的探索。钦润用自己的灵气和才华为僰人岩画图形赋予新的生命。如今，我们通过阅读这本书，让僰人的故事和对美的追求得以传承。

让我们体悟僰人创作的动人图像，一道感受古人之智慧，珍视传承千年的图语，感受生命的美好。

于曼谷 Talingchan.

2024.6.17

前　言

　　珙县僰人岩画是中国岩画三大系统当中西南系统的典型代表之一。它于1935年被发现，是继福建华安县仙字潭岩画后被发现的，早于广西花山岩画、云南沧源岩画等。

　　珙县僰人岩画图形特点显著：首先，表现技法属典型的涂绘式。与北方、东南系统刻凿式为主的技法不尽相同。其次，图形符号种类多。人物类形态各异、动物类栩栩如生、符号类形简意浓、组合类场景生动，与北方系统的放牧、狩猎和人面图形存在很大差异。再次，表现形式以平面剪影式造型为主。造型简练、结构完整、形神兼备、动作多样，与同属西南岩画的其他岩画相比也有着独特的风格特征。

　　珙县僰人岩画的创作者是川南和南丝绸之路的开垦者和建设者，于四百多年前消亡的古老而神秘的民族——僰人。僰人无文字流传于世，而僰人岩画是兼艺术审美特征与文字功能特点的特有图形，几百年来，以形无声地叙述着曾经的文化记忆。目前，国内外关于僰人岩画图形的研究，主要涉及民族学、考古学、历史学、宗教学等领域。既有研究以描述、介绍、统计为主，从美术学角度对僰人岩画本身造型进行分析的较少；从应用研究角度研究僰人岩画图形的更为缺乏。地域文化是中华传统文化的有机组成部分，珙县僰人岩画是宜宾地域文化的显著代表。在文旅融合的背景下，本书从应用研究角度对僰人岩画图形展开探索，试图让僰人岩画走下崖壁，经设计后呈现于当下生活，使受众轻松理解，从而自然弘扬地域文化，实现有效设计。为了准确把握珙县僰人岩画图形，著者从珙县麻塘坝二十二座岩壁上实地拍摄二百余幅僰人岩画图形实景照片，与文献资料比对建立珙县僰人岩画母体元素库。后依托教材编写、教改项目，对珙县僰人岩画图形再设计方法进行反复梳理与实践，总结出僰人岩画图形的七种直接运用、二十三种裂变运用再设计模式。继而通过课程思政、创新创业项目，在景观小品、文创产品、室内陈设设计中，分别运用这三十种再设计运用模式开展方案设计推演，最终获得一系列地域特色显著、文化内涵丰富的设计作品，使受众在舒适、亲切的环境当中感知地域文化魅力，为地域文化传承和发展提供更多可能。

珙县僰人岩画图形母体元素再设计的运用模式，仅仅是图形研究的初步探索，其中难免存在错漏和不足，恳请热心读者指正。

目　录

第一章

中国岩画概况

　　岩画，是一种世界性的原始文化遗存，是远古初民在文字形成之前遗留在洞穴中或是岩壁上的图形、图像文化。岩画内容反映先民思想观念和生活方式。1915 年至今，从我国东南沿海到西部高原、从北方草原到南方丛林、从沙漠戈壁到高山深谷，相继发现十万余幅绘制精美的史前或原始岩画遗存，所以说，我国是世界上岩画遗存最丰富的国家之一。从岩画中，我们可以看到人类是在困惑与迷茫中探索，在无助与企盼中苦干，在生存与灭亡中繁衍。岩画是人类在为生存而斗争时，留存在岩石之上的形象记录。[1]

一、中国岩画发现史回顾

　　丰富的岩画得以发现，如同瑰奇的珍宝得以从地下挖掘出来一样，首先得归功于中国文化的悠远与繁富。没有远古祖先的辛勤劳作与天才创造，自然不会留有如此众多精美的岩画遗存。

　　北魏地理学家郦道元的《水经注》中就有多处对岩画的记载，如"河水自临河县东径阳南山。……东流，径石迹阜西，是阜破石之文，悉有鹿马之迹，故斯阜纳称焉。"[2] 尽管中国岩画的发现可以上推到两千年前，但近现代岩画研究，始于 1915 年黄仲琴对福建华安汰溪仙字潭石刻的调查。此次调查开辟了 20 世纪中国岩画研究之路。仙字潭石刻的石壁坐北朝南，稍偏东南、

---

①　陈兆复. 古代岩画 [M]. 北京：文物出版社，2002：2.

②　荣耀良. 中国岩画考察 [M]. 上海：上海人民出版社，2015：3.

西北走向。岩质是呈赭色的细粒砂岩，表面风化不严重，石质坚硬，只是因雨水浸濡，石面蒙上黝黑的水锈，有的地方还长着苔衣。石壁从东到西的二十多米间，分布着六组刻凿图形。第一组，石面约 1.55 米见方，是图形最多的一处，似抽象了的男女人体、刻作 ⅋⅋。第二组，汉字楷书，文为"营头至九龙山南安县界"。据当地学者考证，此文刻于唐代。第三组，在长 4 米、宽 2.8 米的石面中，共有八个图形，其中一个图像是仙字潭岩画中形体规模最大的图形。第四组只有两个图形；第五组刻有一个图形；第六组纵向排列着三个形体，有人体形、人面形和兽面形。[①]（图 1.1、图 1.2）

图1.1　福建华安仙字潭岩画

资料来源：《中国岩画发现历史》

---

① 荣耀良. 中国岩画考察 [M]. 上海：上海人民出版社，2015：44—45.

图1.2 福建华安仙字潭岩画（拓本）

资料来源：《古代岩画》

　　20世纪30年代，发现四川珙县悬棺岩画。四川省的珙县、兴文县、高县一带，是我国悬棺葬最集中的地区之一，这一带又是古代僰人活动的地区，所以有"僰人悬棺"之称。早在20世纪30年代，美国学者葛维汉（D.C.Graham）在介绍珙县悬棺葬时，就已经报道过悬棺附近的岩画。珙县僰人岩画呈分散式分布在珙县麻塘坝二十二座岩壁之上。岩画图形多以红色颜料涂绘，少数先涂白底再勾填红色，极少数为纯白色勾绘。其表现内容以人物活动为主体，动物、器物、符号兼具。岩画图形具有较强的生活化、社会化特点和抽象寓意性特征，表现出明显不同于其他两大岩画系统（北方系统、东南系统）的绘画题材和表现目的。（图1.3、图1.4）

图1.3　四川珙县麻塘坝僰人岩画　牛牛于2017年拍摄

图1.4　四川珙县麻塘坝僰人岩画　牛牛于2017年拍摄

20世纪50年代，发现广西花山岩画。1956年8月，广西少数民族社会历史调查组组成考察队，对宁明县明江两岸的岩画开展考察，在明江下游沿岸共发现七处岩画，并对部分画面进行了临摹。这是中华人民共和国成立后对左江流域岩画的第一次正式考察。考察结束后，考察队向社会进行了汇报展览，从此，花山岩画引起历史学界、考古学界、民族学界、美术学界的广泛关注。[①] 作为世界文化遗产的花山岩画，共包含了三十八个岩画点，遗产区Ⅰ含有四个岩画点，遗产区Ⅱ含十六个岩画点，遗产区Ⅲ含十八个岩画点。岩画点又可以分为一百零九处、一百九十三组，图形总数约四千零五十个。[②]（图1.5、图1.6）

图1.5　广西左江花山岩画
资料来源：广西民族博物馆官网

图1.6　广西花山岩画第一处第九组
资料来源：广西民族博物馆官网

① 胡宝华，万辅彬，李桐.花山岩画[M].南宁：广西科学技术出版社，2018：51.

② 胡宝华，万辅彬，李桐.花山岩画[M].南宁：广西科学技术出版社，2018：33.

　　20 世纪 60 年代，发现云南沧源岩画。沧源岩画是云南省最有价值的岩画遗存区，不仅数量多，内容丰富，画面亦最精湛，是南方主要的岩画遗存点之一。沧源县目前已发现有十处岩画，最早的发现者是云南民族学院著名考古学家汪宁生先生。1965 年初，他在这一带调查佤族宗教信仰及风俗习惯，在曼帕寨听一些佤族老人谈起附近有个地方名叫"帕典姆"，意为"有画的崖"，崖壁上画有人、牛等图形，每逢过年当地的傣族、佤族乡民都要前往祭拜。他前往实地考察，发现一片长达数十米的垂直崖壁上布满用红颜料绘成的人物、动物图形，画风拙朴，是一处珍贵的原始岩画。[①] 根据研究，沧源岩画是用赤铁矿粉与动物血调和成颜料绘制在距地面二到十米的石灰岩崖面上，现在可辨认的图像有一千零六十三个，以人像居多。这些人像大者身高不过二三十厘米，小者身高不足五厘米。画面集中，常以连贯的绘画手段表现出当时人们狩猎、斗象、舞蹈和战争凯旋等场面，内容明显可辨。[②]（图 1.7、图 1.8）

图1.7　云南沧源岩画

资料来源：CCTV-4中文国际频道《走遍中国》节目

---

① 荣耀良.中国岩画考察 [M].上海：上海人民出版社，2015：291—294.

② 黄懿陆.中国岩画史论 [M].昆明：云南大学出版社，2015：561.

图1.8 云南沧源岩画

资料来源：CCTV-4中文国际频道《走遍中国》节目

　　20世纪70年代中期，发现内蒙古阴山岩画。1976年的夏天，考古学家盖山林路经乌拉特中旗，一位牧民告诉他在韩乌拉山有石刻人像。他喜出望外，立即出发去考察，在一个山谷里发现了一些人头像刻在一块大石头上，头像中间还刻着许多圆点和圆圈，这是他发现的第一处阴山岩刻。盖山林自1976至1980的5年中，先后调查了属于阴山西段狼山地区的阿拉善左旗六处、巴彦淖尔西部的磴口县三十九处、乌拉特后旗十二处、乌拉特中旗三十二处，涉及三旗一县。调查范围东西长达三百公里，南北宽三十至七十公里，行程约七千五百公里，发现岩画的数量达万幅以上。[1]（图1.9、图1.10）

---

① 陈兆复.中国岩画发现史[M].上海：上海人民出版社，1991：64—65.

图1.9　内蒙古阴山岩画

资料来源：CCTV-9《航拍中国》节目

图1.10　内蒙古阴山岩画

资料来源：CCTV-9《航拍中国》节目

20世纪70年代末期，中国文化界开始形成岩画概念，认识到岩画是史前或原始初民用以表达思想的一种图形记录，是先于文字的文化遗存，属世界性的文化现象。进入80年代，借着认知系统中新概念的确立，中国各地新发现的原始岩画，以几何级数的速度增长。[①]

二、中国岩画分布

由于生态环境的影响，从原始时代起，中国就存在北方和西北草原民族的游牧文化，黄河流域以粟、黍为代表的旱地农业文化，长江流域及其以南的以稻谷为代表的水田农业文化，以及东南沿海的以渔捞业为代表的海洋文化。

中国岩画的分布大体与上述文化分区一致。根据岩画作品的内容与风格，以及其所处的文化区，大致可以划分为北方、西南、东南三个系统。

北方系统的岩画主要分布在中国的北方和西北地区，包括黑龙江、内蒙古、山西、新疆、宁夏、甘肃、青海、陕西等省（区），内容以动物为主，风格较为写实，技法大都是凿刻。它是中国北方草原地区的狩猎、游牧民族的作品。其中著名的有内蒙古阴山岩画、乌兰察布岩画，新疆阿尔泰山岩画、天山岩画、昆仑山岩画，甘肃的黑山岩画，宁夏贺兰山岩画，等等。

西南系统的岩画，主要分布在四川、云南、贵州、广西。岩画点大多在江河沿岸的悬崖绝壁处。崖壁上部往往向前突出，既可以遮蔽风雨，又可以防止阳光直射。题材以人物为主，宗教活动是其主要表现内容，表现技法则以红色涂绘为主。其中著名的有四川珙县麻塘坝僰人岩画、云南沧源岩画、广西花山岩画，等等。

东南沿海地区的岩画，分布在江苏、安徽、浙江、福建、广东、台湾和港澳等地，内容大多与古代先民的出海活动有关，以抽象的图案为主，多采用凿刻的技法。其中著名的有江苏连云港将军崖岩画、福建华安仙字潭摩崖石刻、广东珠海高栏岛石刻画、台湾高雄万山岩雕群，等等。[②]

三、岩画的文化内涵

在文字出现以前的社会里，岩画的内容反映了当时的生产与生活、思想与意识，是记录人类想象和艺术创造的最早载体。它组成人类遗产中最具普遍意义的部分。岩画体现了人类抽象、

①　荣耀良. 中国岩画考察 [M]. 上海：上海人民出版社，2015：3—4.

②　陈兆复. 古代岩画 [M]. 北京：文物出版社，2002：50—99.

综合和想象的才能，描绘出人类经济和社会活动，以及人类的观念、信仰和实践。岩画对于深刻认识人类的精神生活和文化样式的作用，是其他任何东西都难以替代的。

岩画反映了当时的社会生产水平。人类最初对于自身及自然界的认识是模糊的，在集体生活和劳动实践中，其认知领域不断扩大。因此，人类的认知受当时的环境条件和生产力发展水平的制约，具有局限性，但绝不是贫乏的。而且从当时的条件看，由于现实生活的需要，迫使先民首先熟悉自己生活地域的自然界和动植物群。在这方面，人类有着惊人的才能。这些在岩画的内容及数量中都有所反映。

人类拥有丰富的物质文化，工具和武器的制造、食物的采集、狩猎与捕鱼、农业与畜牧业等，所有这些都是在长期生产劳动过程中积累起来的。人类也具有丰富的精神文化，图腾崇拜、巫术活动、自然崇拜、灵物崇拜及祖先崇拜，都是原始宗教的表现形式。所有这些对岩画艺术都有着很深的影响。①

---

① 陈兆复. 古代岩画 [M]. 北京：文物出版社，2002：10—11.

第二章

珙县僰人岩画

一、僰人族源

四川南部，有一片古老而神奇的土地。这片土地山峦起伏，千嶂叠翠，河流纵横，沟坝星罗棋布。特别是南广河上游流域那众多千仞峭壁上的具具悬棺，累累桩孔，幅幅虽年代久远却仍然色彩鲜艳的岩画，更为这片土地平添了无穷的神秘色彩。这片古老而神奇的土地，这个充满无穷韵味和神秘色彩的地方，就是人称"僰乡"的珙县。关于珙县地名的来历，据《珙县志》卷首（序文新编）云："珙本西南夷腹地，秦灭开明氏僰人居此，号曰僰国。后为夜郎王所胁属，汉武帝使唐蒙略通僰道、取夜郎，置南广县于此，属犍为郡。蜀汉后帝又于此置南广郡，以南广县为首邑，晋及六朝皆因之。隋改南广为协州，唐改为珙州，又改因忠郡、扶德州。宋仅为羁縻巩州。元末明玉珍据蜀，于1362年改为珙州，明洪武四年（1371）降州为珙县，隶于叙州路，路治在今宜宾市。六年，叙州路改为叙州府，治所依旧，仍辖珙县。十年珙县并入高县，十三年十一月复置珙县，隶于叙州府。正德十三年（1518）四月高县复置为高州，珙县属叙州府高州辖领。"至今已六百余年。

珙县自古就是僰人生存繁衍的地方，但明朝万历元年的一场战火，使这个灾难深重的民族消失在历史的尘埃中。今天，我们只有通过他们留下的具具悬棺、幅幅岩画和洞穴建筑，来触摸这个叫"僰"的古老民族，从传说中勾画他们的音容笑貌。

"僰人"一词，最早见于《吕氏春秋·恃君篇》："氐、羌、呼唐、离水之西，僰人、野人、篇笮之川，舟人、送龙、突人之乡，多无君。"《说文·人部》："僰，犍为蛮夷。从人，棘声。"

《华阳国志·蜀志》说："僰道县东南四百里……本有僰人。"可见古代僰人居住在犍为地区，而僰道一带又为集中地。《叙府志·外记》曰："珙县多僰人。"

那么，僰人究竟是一个什么样的民族呢？研究表明，僰人（都掌人）同百越、干越、夔越、百濮、僚人之间的关系非常复杂，有着千丝万缕的联系，甚至就是同一族源。

我国古代的南方民族中百越、干越、夔越、百濮、僚人、僰人（都掌人）都有悬棺葬的习俗。有的学者认为僰人的族源和百越民族有很大近亲关系。他们应该是从我国的华东、华南地区逐步迁徙到宜宾的珙县、兴文一带的。从悬棺在长江流域及其以南地区分布还可以辨出其密切的文化联系。

有专家认为，百越人在古代被称作濮（古书上记载的僰）人，居住在吴越之地，后来因越国强大，统一了众多的濮人部落，被称为百越，或将其原始称呼相连，叫濮越。据民俗学家研究，濮人和僰人同属一个民族，濮和僰在发音上可疑读 bo、bu、po、pu，因而在语源上是一致的，历史学家也认为僰就是濮人。因而，大致可以说濮、僰是同一个族源的民族。到汉以后，有关濮的记载就少一些，在文献中或被称为葛僚、僚、仡佬，明朝时被称为都掌蛮。

元代李京《云南志略》称川南南广河流域及滇东北行悬棺葬的民族为"土僚蛮"。珙县、兴文等地在明以前一直是僰人或称之为"都掌蛮"的民族聚居地域。都掌蛮，《元史》言其"本夜郎国西南夷种，号大坝都掌蛮，分族十有九"。明嘉靖《四川总志》言其"即僰人、羿（我国古代西南少数民族）、苗、保（我国古代西南少数民族）是也"。学者认为，从历史发展情况看，僰、僚、仡佬（仡僚）、葛僚、夜郎、都掌蛮等名称有一贯的继承性，实际上均指川南、滇东北行悬棺葬的同一民族。以上不同名称是不同历史时期对同一民族的不同称呼。或者说，"川南和滇东北地区行悬棺葬的族属就是春秋战国以来劳动、生息在这块土地上的僰人后裔——都掌人"。这一族属与我国中世纪僚人有关，而僚人与古代越人有密切关系。即便是在珙县、兴文居住的僰人，唐以后的文献也称之为"晏州僚""葛僚""刚夷恶僚""五年僚"等。这说明僰人和僚人应该是同一个民族。

四川大学历史系教授蒙默先生认为，川南僰人自战国至明代一脉相承史不绝书，其为僰族是无可置疑的。但这个僰族究竟属哪个族系呢？不是白族也不是傣族，而是僚族。同一族称用于几个不同民族在历史上是不乏先例的。说川南僰人是僚族基于以下两点：从族称上看，僰、濮二字古代音同字通，早已被国学大师章太炎和顾颉刚所指出。而川黔地区的濮人实际就是僚人。如古代竹王夜郎的主要居民《华阳国志》说是"夷濮"，《后汉书》说是"夷獠"，《水经注》则既称"夷濮"又称"夷獠"，说明濮、獠二称是同实异名。西南地区的彝族从彝文典籍的历史时期直到现在，都把古代僚人和现代仡佬称为濮。明代川南僰人都掌蛮，汉文文献有时称为

"夷獠"，而古彝文典籍则称之为"都掌濮"，也都说明僰、濮、獠是同实异称。再就现可考见的明代川南僰人的风俗习惯看，他们用铜鼓、穿筒裙、行岩葬，而且凿齿，这些都是诸书所载西南獠人的习俗。

有学者提出："仡"为发语词，无实意，"佬"即"獠"，仡佬之名来源于"獠"，所以《行边纪闻》曰："仡佬，一曰獠"；《贵州通志·土民志》引《嘉靖图经志》亦云："仡佬，古称獠"。可见"獠"即仡佬之先民，唐以后，汉文史籍中出现"仡佬"之名，或作"佬獠""葛獠""佶獠"，均为仡佬之同音异字。

考古发掘的僰人骨架中普遍有凿齿的痕迹，《兴文县志》也有川南都掌人凿齿的记载。人类学考古和文献资料都说明，都掌人与中世纪獠人有关，獠人与古越人关系密切。僰人——都掌人应是古代百越人的成员。[1]

二、珙县僰人悬棺

1954年冬，四川省文物管理委员会派遣考古专业人员，对珙县地区的悬棺葬进行了详细的专业调查。1956年，珙县"僰人悬棺"被列为四川省首批省级文物保护单位，1988年被列为全国重点文物保护单位。[2] 从世界范围来看，悬棺最典型、最集中、最奇特的应数四川珙县的麻塘坝。川南地区的"僰人悬棺"，以极大的藏量、完好的遗存和丰富的内涵，为田野考古和民族调

图2.1　四川珙县麻塘坝僰人悬棺　毛小平于2017年拍摄

① 黄华良，李诗文.悬崖上的民族僰人及其悬棺 [M].成都：巴蜀书社，2006：3—7.

② 屈川.都掌蛮：一个消亡民族的历史与文化 [M].成都：四川人民出版社，2004：111.

查提供了学术研究基地；古籍文献对这一地区的悬棺葬记载甚丰，引征参考，价值极高。[1]（图2.1、图2.2）

图2.2 四川珙县麻塘坝僰人悬棺岩画 毛小平于2017年拍摄

据分析，在周代之前，僰人已在四川东南部及云南、贵州的部分地区定居了。大约于西周初期立国。相传僰人首领跟随周武王伐纣有功，被封为"僰侯"，建立起"僰侯国"。秦灭巴蜀之前，僰已臣属于蜀，灭蜀后，秦在僰地设置官署。僰人自接受中央政府的直接统治后，与汉人不断进行文化经济交流，极大地繁荣和发展了自身。僰人文化的最大特征在葬制上，取质地坚硬的整木（当地人说是"马桑木"，似楠木，硬且重，叩之出古铜声）刳挖成盖与棺，外沿刨成长方形，悬于高崖之上，少则十数米，多则九十余米高。（图2.3）

---

① 屈川.都掌蛮：一个消亡民族的历史与文化[M].成都：四川人民出版社，2004：115.

图2.3　四川珙县麻塘坝僰人悬棺岩画　牛牛于2017年拍摄

从取下的棺木分析，无论贵贱贫富，都悬于高崖。学者石钟健的调查认为："早期的悬棺葬，可能是氏族墓地，到了晚期，成了宗族和家族的墓地。……似乎说明是按照一定的埋葬制度，把同一宗族的或家族的死者悬葬在一起的。辈份高的悬挂在山岩较高的部位，而后顺序向下，一列一列。死者仰身直卧，棺材方向一定，一如汉族。"它还有一个很大的特点是悬棺边上配以岩画。悬棺多在三五十米高处，最高的达九十多米，岩画也画在这样的高度上。主要画有人、马、狗、鱼、鸟、铜鼓以及各种方块、三角、圆等符号。（图2.4）

图2.4　四川珙县麻塘坝僰人悬棺岩画　毛小平于2017年拍摄

唐宋以来，每有边事，朝廷常召集僰族义军，与各族军队一起抗御敌寇。明代州府的官学中，已有僰人学生就读。但自明推行改土归流政策以后，二百多年来，明朝廷与僰人发生过十一次大的战争。僰人领地不断缩小，最后只能占据以麻塘坝（现悬棺集中之地）为中心的南广河域。强大的僰人酋长阿大（阿读音哈）家族占据九丝城，与明王朝对抗。明万历元年（1573），在宰相张居正的主持下，朝廷派四川巡抚曾省吾、总兵刘显等人率十四万大军围剿僰人，攻占九丝城。第二年明军又大肆搜捕藏匿深山的僰人，此后僰人便在这一带销声匿迹，不见了踪影。总之明万历之后，悬棺之俗在这一带终止了。对悬棺的考古研究，能证实这一点。对这一带的悬棺，共做过两次规模较大的考古调查。第一次在1946年，由石钟健和芮逸夫先生主持，取下了六具棺材，出土了一批可供判明年代的器物，有陶碗、瓷酒杯、刺花竹筒、剑形翅骨板等。第二次是在1974年，由四川省博物馆派员，取下十具棺材，出土明正德、嘉靖时的青花瓷器。两次所获器物都证明，悬棺的下限在明代。[1]

岩画和悬棺有极密切的关系，是研究古代悬棺葬民族政治、经济、军事、文化等方面情况的宝贵资料。[2]（图2.5）

图2.5　四川珙县麻塘坝僰人岩画　牛牛于2017年拍摄

① 荣耀良.中国岩画考察 [M].上海：上海人民出版社，2015：252—257.

② 悬棺葬 [M]//四川省珙县志编纂委员会.珙县志.成都：四川人民出版社，1995：688.

三、珙县僰人岩画研究成果

自美国学者葛维汉最早涉足川南僰人历史研究以来，僰人文化的相关研究已覆盖历史学、美术学、音乐学等多个领域。截至 2024 年 3 月的中国知网（CNKI）数据库统计（见表 2.1），研究者不仅对宜宾僰人的历史史料、族属源流、文化特质、生活状态、文化与艺术遗存等进行了深入发掘，还从时间、空间跨度上对其进行了比较性研究。这对把握僰人文化的独特内涵、解读珙县僰人岩画、打造地方特色文化均具有积极意义。

表 2.1　中国知网（CNKI）成果统计

关键词搜索	文献总量	分类			
		期刊	学位论文	会议	报纸
僰人	197	132	32	6	27
僰人悬棺	62	49	2	4	1
僰人岩画	19	14	3	2	0

最早发现和记录宜宾市珙县僰人悬棺岩画的是原成都华西大学博物馆馆长、人类学和古生物学教授美国学者葛维汉。早在 1935 年，葛维汉在珙县麻塘坝进行悬棺考察时发现崖面有崖画，并撰写了《川南的"白人坟"》刊载于《华西边疆研究学会杂志》第七卷，首次将临摹的六幅岩画公之于世，这是最早的珙县僰人岩画临摹图。

1941 年，林名均先生撰写《川南僰人考》刊载于《文史教学》，文中关于僰人岩画是这样描述的："崖上间有红色涂绘之车马人物，隐约可睹。"

1944 年，郑德坤先生撰写《僰人考》刊于《说文月刊》第四卷合订本，对僰人岩画图案进行了研究："悬棺岩上或著壁画，葛氏所见有人形、车轮形、骑士像、动物形等，均以红彩涂画。僰人艺术作品，可以此类壁画为代表矣。"

1946 年，芮逸夫、石钟健等学者前往珙县考察。石钟健先生撰写《四川悬棺葬》收录于《石钟健民族研究文集》，文中对珙县僰人岩画的颜料和题材及部分岩画图形进行了简述。

1974 年 7 月，四川省博物馆和珙县文化馆联合对宜宾珙县麻塘坝的悬棺和岩画进行调查清理，著成《四川珙县"僰人"悬棺及岩画调查记》发表于《文物资料丛刊》第二辑，《调查记》对棺材铺、狮子岩、邓家岩等二十多处岩壁上的二百多幅岩画进行临摹。

1979 年，重庆博物馆蒋万锡、汪里、姚志新组成小组对宜宾地区僰人悬棺进行考古调查，对宜宾的僰人悬棺及岩画分布进行统计，1981 年写成《宜宾地区悬棺葬调查记》发表于《考古》，其中对棺材铺、狮子岩、大洞、九盏灯、猪圈门、磨盘山、邓家岩、三仙洞、玛瑙坡、硝洞、龙洞沟、付大田、白马洞、倒洞、马槽洞、珍珠伞、九颗印、鸡冠岭、地公庙十九处岩壁的二百一十幅岩画进行临摹整理。

1985 年，对麻塘坝的僰人悬棺进行发掘清理，曾水向对九盏灯原来在地面无法看清的部分岩画图像进行了补正，临摹下十余幅岩画图形。曾水向 2011 年所著《悬棺探秘》一书，对僰人岩画图形的记载相对较为全面。

1995 年 8 月，由四川人民出版社出版的《珙县志》记载："珙县麻塘坝悬棺岩画，其分布之广，内容之丰富，图像之多姿，在全国 13 个有悬棺或岩画的省（市）中，可与广西壮族自治区宁明花山岩画媲美。"

而后，岩画开始成为悬棺文化研究的热点。涂朝娟《珙县僰人岩画研究：宗教支撑下的图像》，从美术学的角度探讨了悬棺岩画，并从图像探讨僰人的信仰和崇拜，总结其艺术特色。何泽宇《珙县麻塘坝岩画中所见的古代僚人舞蹈》，将岩画人物舞蹈分为"凤鸟舞""蛙舞""雩舞""帔舞""武舞"五类。刘宇统对僰人悬棺的音乐图像进行鉴定，将岩画研究纳入音乐学的研究范畴，发表《音乐图像研究的实践意识培养——以僰人岩画中的音乐图像研究为个案》《四川省麻塘坝僰人岩画及其中的音乐图像调查记——以白马洞岩壁为例》《川南僰人乐舞的原始发生和语境试析——以僰人岩画中乐舞图像为对象》三篇文章。徐艳对岩画中的舞蹈动作进行研究，对僰人岩画的组合类型和所包含的舞蹈动作的基本规律、体现的舞学含义，结合朱载堉的舞学理论，进行探析和判定，发表《川南僰人岩画中的舞蹈图像探析》和《川南僰人岩画中的舞蹈图像判定》，又在此基础上探析僰人舞蹈旅游资源的开发，发表《川南僰人舞蹈旅游资源开发探究》。魏丽、孙德朝《川南僰人悬棺岩画身体活动形态的阐释》从体育学的角度研究悬棺岩画，研究岩画中渔猎、战争、舞蹈、休闲等岩画内容中反映的身体活动形态。

四、珙县僰人岩画分布

《叙府志·外记》载："珙县多僰人。"珙县自古就是僰人生存繁衍的地方，僰人历史悠久，自春秋时起居于川南，以彪悍、善骑、勇武、善战著称。因僰人骁勇好战，为历代统治者所不容，其历史上经历了大大小小不计其数的战争。明神宗元年（1573），四川巡抚曾省吾、总兵刘显率十四万大军将其围剿殆尽。此后，僰人从这片土地上消失，我们只有通过他们留下的岩画、悬棺和洞穴建筑，来触摸这个叫"僰"的古老民族。

四川省宜宾市珙县麻塘坝悬棺岩画分布之广、内容之丰富、图像之多姿，在全国十三个有悬棺或岩画的省（区）中，可与广西壮族自治区宁明花山媲美，早就受到学术界的重视。① 珙县麻塘坝僰人岩画是西南岩画系统的典型代表，岩画生动直观，因分布广，不集中，多以单个或数个出现，在形式结构上几乎没有联系，是典型的"分散式"构图形式。僰人岩画是无字民族留下的图形文本资料，描绘了僰人的日常生活、族群融合、军事战争及部落图腾，是僰人记录历史文化的"绘本"，是僰人绘制于青山崖壁上的"史诗"。

珙县僰人岩画集中出现在四川省宜宾市珙县洛表镇麻塘坝。麻塘坝人称"九沟一坝"。"九沟"指龙洞沟、刘家沟、僰川沟、杨家沟、吴家沟、沈家沟、唐家沟、黄于沟、龚家沟，"一坝"指麻塘坝。麻塘坝东邻雄奇峻秀的龙泉山（又名何家岩），西倚挺拔壮丽的莲台山，南靠绿波翻滚的观宝山，三山成撮箕形。东西两山，山上有田有土，缓慢向中间倾斜靠近，在相距三百米左右，由碳酸钙岩石形成的喀斯特地貌，突成两岩对峙之势，中间形成一近南北走向的岩溶槽谷，这便是麻塘坝。麻塘坝南北长约五千米，东西宽二三百米，沟谷交汇处可达三百至五百米，槽谷海拔五六百米。槽谷地势平坦，螃蟹溪贯穿其中，由南向北注入南广河。岩溶槽谷东西对峙的两岩上，大约有二十二座断岩，断岩之间或是沟或是湾，岩高在六十至一百一十米之间，二十二座断岩上或有悬棺，或有悬棺遗址，或有岩画、天然溶洞等，珙县僰人岩画便集中在此。② 二十二座断岩形态不一，以其中一处名为九盏灯的断岩为例，其坐标为东经104度49分15.15秒、北纬28度01分58.57秒。正向面为不规则弧形岩壁，岩壁正向左侧从上至下呈明显三级内凹，内凹差最大处约十五米，岩壁右侧自上而下内收约五米，岩壁左前方有一块巨型岩石，正向宽约三十二米，高约二十一米，岩石顶面大部分为平台。现有人工阶梯由景区主干道旁，自下而上从岩石与岩壁的夹缝穿过后分叉，分别连接到岩壁左上方的大溶洞和岩石平台。岩壁正面最高处离地面约五十二米，宽约八十五米，投影面积约为三千二百平方米，岩壁质地坚硬，置棺区域岩壁基本无植物，岩壁自上而下有多处水浸痕迹。（图2.6、图2.7、图2.8）

① 悬棺葬 [M]// 四川省珙县志编纂委员会. 珙县志. 成都：四川人民出版社，1995：688.

② 黄华良，李诗文. 悬崖上的民族僰人及其悬棺 [M]. 成都：巴蜀书社，2006：134—13.

图2.6　四川珙县麻塘坝九盏灯断岩3D效果　毛小平制作

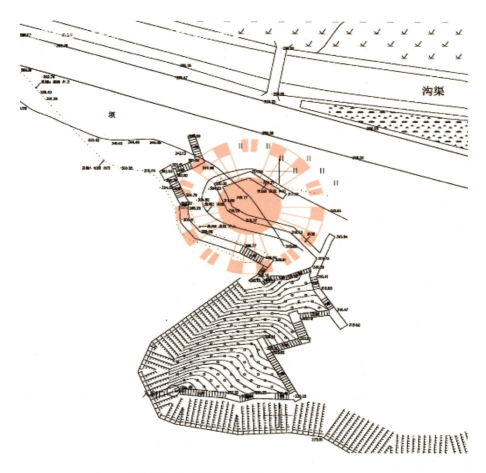

图2.7　四川珙县麻塘坝九盏灯断岩区位测绘图　毛小平制作

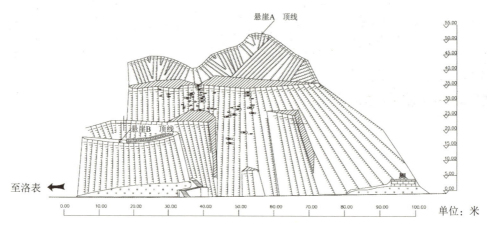

图2.8　四川珙县麻塘坝九盏灯断岩测绘图　毛小平制作

宜宾市珙县洛表镇麻塘坝僰人岩画分布位置为麻塘坝东西两岩。东岩岩画从北往南依次分布于：棺材铺、狮子岩、大洞、九盏灯、猪圈门、磨盘山、大洞口、龚家沟、邓家岩、三仙洞和玛瑙坡。西岩岩画从北往南依次分布于：红岩、龙洞沟、漏风岩、白马洞、九宝田、倒洞、马槽洞、珍珠伞、猫儿坑、九颗印、鸡冠岭、地公庙、老鹰岩、马岩，癞子洞、无名岩等。（图2.9）

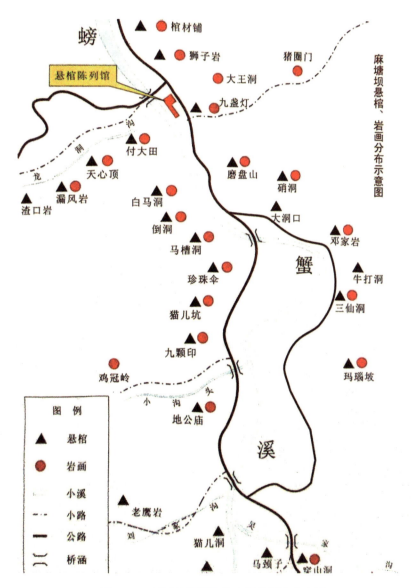

图2.9 四川珙县麻塘坝僰人悬棺岩画分布图

资料来源：《悬棺探秘》

五、珙县僰人岩画的艺术特征

珙县麻塘坝二百多幅岩画的颜料中只有极少部分为白色，大部分都是红色，至今有的色彩犹新。1990 年，四川省地矿局成都中心实验室对岩画颜料成分进行取样鉴定，经过发射光谱半定量分析及 X 射线衍射结构分析，鉴定结果为：珙县麻塘坝悬棺四周岩画橙红色颜料成分为"水合碱式硫酸铁"，白色颜料的成分为"是以石灰为主的石灰和石膏混合物"。珙县麻塘坝岩画所使用的颜料已达到相当高的制作水平，才能使这批岩画虽经长期风雨侵蚀、雀鸟破坏、岩水侵蚀而仍保鲜明色泽，清晰可辨。僰人作画者非常讲究，在使用橙红色颜料作画之前，要在作画部位使用白色颜料打底，"它能衬托橙红色颜料的色彩，使得更加鲜艳、调和、一致"。[①]（图 2.10）

图2.10　四川珙县麻塘坝僰人岩画　牛牛于2017年拍摄

---

① 曾中懋. 珙县"僰人"悬棺岩画颜料的鉴定 [J]. 考古与文物，1990（2）：107.

细细研读珙县麻塘坝僰人岩画，不难发现以下特点：首先，珙县僰人岩画题材来源于僰人的生活，每个图形都具有非常鲜明的特征，因而写实性非常突出；其次，珙县僰人岩画内容十分生动，描绘有牛背上的人、正在舞蹈的人、奔跑的马等一系列生动的场景，因而生动性的特点也很明显；最后，珙县僰人岩画中有非常多的符号图像，比如车轮、太阳徽、五角星、方印、三角等，这些符号都具备某种神秘色彩，因而具有象征性的特点。例如在九盏灯、三仙洞分别有一幅两手上举，双脚并立的人物图像，似为敬神时那种毕恭毕敬的动作，但在猪圈门和玛瑙洞、付大田等处，可以见到不少举止滑稽可笑的图形。比如猪圈门有一幅图形是一人蹬着八字脚，用一只手在使劲地拖拽一条肥鱼，鱼的图形比人的图形几乎要大上两倍。白马洞有一奔跑着的马的图形，其尾巴上高高飘挂着一朵盛开的向日葵花，极富想象力。狮子岩有一人站立在马上，面朝马尾部，一手举起长矛样物件，一手拽着长长的飘带的图形，幽默诙谐。僰人岩画中人物在马背上做各种动作的图形共有三十多幅，但比较分散，马背上的动作可说是"花样百出"，多姿多彩。僰人岩画动物图形中，属于家庭驯养的动物用笔较为诙谐，而野兽类的动物图形中，庄重写实的偏多，这可能表现了当时人对驯化动物的喜悦与骄傲，及对狮、虎等山中动物的崇敬和对它们力量的畏惧心理。无论是古代人，还是当代人，往往都有一种奇怪的心理：对于自己已经征服或者可能征服的东西，总想给对方做精神上和肉体上的主观处理，表露出一种我想对你怎么样就怎么样的占有心理；而对于自己不能征服，或者一时还没有能力征服的，都怀有敬畏的心理。无可否认，当时绘制者也把这样的心理不自觉地运用到图形的描绘当中去。因受自然地理环境的约束，生活在川南珙县一带的人多以农耕和狩猎为主要的生存手段。无论是农耕劳动，还是狩猎劳动，人们总能以积极的态度对待。比如在九盏灯，有一人左手举一个旗子一样的东西，右手举起一树枝的图形，像是在欢快舞蹈，又像是为了达成某种目的而进行某种仪式。在珙县一带民间，巫师、端公等使用桃树和柳树的枝条驱邪避鬼，有的也使用红色或者黑色旗子。据此推断，猜测这个人应该是一位法师，形象威武英勇，对人们心中的妖魔鬼怪具有很强的震慑力。马槽洞和付大田等处有多幅驱鬼人物画，其中人物英武逼真。在狮子岩、白马洞有七幅表现狩猎的图画，无论是马、骑士，还是挎着武器的狩猎者，都是威风凛凛，勇猛异常。

图2.11　四川珙县麻塘坝僰人岩画　牛牛于2017年拍摄

　　总的来说，珙县僰人岩画图形虽绘制技法古拙，又呈零散分布，还位于数十丈高的崖壁之上，但造型简练且线条粗犷、形象古朴且生动、结构完整、人物极富变化和动感、题材内容丰富多彩、用色大胆且专一的艺术特点尤为显著。

第三章

珙县僰人岩画图形图像采集

一、僰人岩画遗存临摹

从 1935 年至今，先后共有四批研究人士对珙县僰人岩画进行过临摹，他们分别是葛维汉（美）、石钟健等、蒋万锡等、曾水向。据统计（见表 3.1），葛维汉临摹六幅；石钟健等临摹十二幅；蒋万锡等临摹二百一十幅；曾水向先生对僰人岩画进行过两次临摹，第一次临摹二百三十四幅，第二次临摹二十二幅，共二百五十六幅。四位研究人士的临摹稿中，蒋万锡等临摹的二百一十幅与曾水向所临摹的僰人岩画点位、数量、形态基本一致，但因曾水向先生于 1985 年 1 月参加四川省文物管理委员会、四川省博物馆、珙县文化馆联合维修发掘时对僰人岩画有过二次查缺补漏式临摹，所以曾水向先生的临摹手稿是目前最完善的。

表 3.1 不同年代、不同学者所临摹的僰人岩画情况统计

时间	临摹者	人物（幅）	动物（幅）	组合（幅）	符号（幅）	总计（幅）
1935 年	葛维汉	2	1	1	2	6
1946 年	石钟健	3	3	1	77	12
1974 年	曾水向	50	51	103	30	234
1979 年	蒋万锡	46	43	31	90	210
1985 年	曾水向	7	3	6	6	22

（一）最早的珙县僰人岩画临摹图

1935 年葛维汉来珙调查后，在其《川南"白人坟"》一文中写道："另一使作者感到重大惊奇的，是发现非常接近白人坟的岩面有许多岩画。"并绘有珙县麻塘坝悬棺岩画。这是公之于世的最早的珙县悬棺葬岩画临摹图。这六幅岩画临摹图，载于 1935 年《华西边疆研究学会杂志》第七卷。（图 3.1）

（二）第二阶段的珙县僰人岩画临摹图

1946 年，学者芮逸夫和石钟健来珙县考察，并发表专文论述悬棺及岩画。石钟健等所临摹的悬棺岩画，是珙县麻塘悬棺葬岩画的第二批临摹画，计有十二幅岩画。（图 3.2）

图3.1 葛维汉临摹的麻塘坝岩画

图3.2 石钟健临摹的麻塘坝岩画

（三）第三阶段的珙县僰人岩画临摹图

1974 年夏，四川省博物馆与珙县文化馆联合对麻塘坝悬棺进行清理发掘。中共珙县县委派曾水向与省博物馆的人员一道，攀登悬崖峭壁，对麻塘坝东西两侧二十多座山崖的岩画，逐一反复搜寻。肉眼看不清的，借助望远镜。由于年久色淡，风雨侵蚀，且高度达十至六十米，临摹艰难。先后在棺材铺、狮子岩，大王洞、九盏灯、猪圈门、磨盘山、硝洞、邓家岩、三仙洞、玛瑙坡、付大田、天心顶、漏风岩、白马洞、倒洞、马槽洞、珍珠伞、猫儿坑、九颗印、地公庙、鸡冠岭等二十二处，临下了大量的悬棺葬岩画。珙县麻塘坝岩画，一般都画在悬棺周围的岩壁、岩框上（只有猪圈门、鸡冠岭两处无悬棺遗迹，另天心顶一具悬棺底部画了两个圆圈），绝大多数是用红色颜料彩绘的，少数白色，至今有的色彩犹新。绘画采用平涂手法，虽线条粗犷，但多形似而传神，人物极富变化和动感，题材和内容丰富多彩，构图简练，栩栩如生。

1. 棺材铺

棺材铺是麻塘坝东岩第一个岩峰位于红岩村南约一百米处（岩高约七十米，岩下坐落着红碎茶厂）。棺材铺处岩画临摹手稿共有二十八幅，其中人物两幅、动物七幅、组合五幅、符号十四幅。（图3.3、图3.4）

图3.3　曾水向临摹的麻塘坝岩画（棺材铺1）　　　图3.4　曾水向临摹的麻塘坝岩画（棺材铺2）

2. 狮子岩

狮子岩位于棺材铺南约一百米处，岩高约六十米，宽约一百米，因从远处观看，此岩极像一只巨大的狮子，因而得名"狮子岩"。狮子岩处岩画临摹手稿共有六十七幅，其中人物十六幅、动物十二幅、组合十四幅、符号二十五幅。（图3.5、图3.6、图3.7）

图3.5 曾水向临摹的麻塘坝岩画（狮子岩1）

图3.6 曾水向临摹的麻塘坝岩画（狮子岩2）

图3.7 曾水向临摹的麻塘坝岩画（狮子岩3）

3. 九盏灯

九盏灯与大王洞相连接，同在一个山峰，大王洞下方约二十米处就是九盏灯。"九盏灯"是在岩层突出的岩框顶部的两个钟乳石间横向放置三块板，每块板上分别开凿出三个圆孔，共九个圆孔以放置油灯，故而得此名。九盏灯处岩画临摹手稿共有二十七幅，其中人物十三幅、动物四幅、组合二幅、符号八幅。（图3.8）

图3.8 曾水向临摹的麻塘坝岩画（九盏灯）

图3.9 曾水向临摹的麻塘坝岩画（猪圈门）

4. 猪圈门

猪圈门位于九盏灯的东南面。猪圈门处岩画临摹手稿共有八幅，其中人物三幅、动物两幅、组合一幅、符号两幅。（图3.9）

5. 硝洞

硝洞又称龚家沟，位于大洞口南约三十米处。硝洞处岩画临摹手稿共有八幅，其中人物一幅、动物一幅、符号六幅。（图3.10）

6. 邓家岩

邓家岩位于九盏灯以南约一千米处，由三组岩石构成。邓家岩处岩画临摹手稿共有二十七幅，其中人物三幅、动物八幅、组合三幅、符号十三幅。（图3.11）

7. 玛瑙坡和三仙洞

玛瑙坡位于三仙洞的南端，又叫"玛瑙包"。玛瑙坡处岩画临摹手稿共有九幅，其中人物两幅、符号七幅。

三仙洞又称"三眼洞"，在邓家岩南面约五百米处，该岩壁南北跨度约为一百米。岩壁上有个溶洞，传说曾经有三个神仙居住在溶洞里，因而得名"三仙洞"。三仙洞曾是僰人避乱的住所，现在仍然清晰可见用三合土和青条石修葺的墙体、门窗和瞭望孔等。三仙洞处岩画临摹手稿共有十五幅，其中人物一幅、动物四幅、符号十幅。（图3.12）

图3.10　曾水向临摹的麻塘坝岩画（硝洞）

图3.11　曾水向临摹的麻塘坝岩画（邓家岩）

图3.12　曾水向临摹的麻塘坝岩画（玛瑙坡和三仙洞）

8. 白马洞

白马洞位于付大田西侧约一百米处，与麻塘坝东岩的磨盘山相对，是一个天然的石灰岩溶洞。白马洞处岩画临摹手稿共有十二幅，其中人物一幅、动物三幅、组合四幅、符号四幅。（图3.13）

9. 倒洞和马槽洞

倒洞位于与白马洞相连的九宝田西南面约三百米处，与邓家岩相对。倒洞处岩画临摹手稿共有五幅，其中动物两幅、组合一幅、符号两幅。

马槽洞位于倒洞西南约一千米处。马槽洞处岩画临摹手稿共有七幅，其中人物两幅、动物一幅、组合一幅、符号三幅。（图3.14）

10. 付大田、天心顶和磨盘山

付大田位于龙洞沟西侧约一百米处，又称"漏风岩"。付大田处岩画临摹手稿共有四幅，其中人物一幅、符号三幅。

磨盘山位于猪圈门之南。磨盘山处岩画临摹手稿共有三幅，其中动物一幅、符号两幅。（图3.15）

图3.13 曾水向临摹的麻塘坝岩画（白马洞）

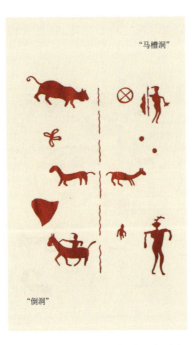

图3.14 曾水向临摹的麻塘坝岩画（倒洞和马槽洞）

图3.15 曾水向临摹的麻塘坝岩画（付大田、天心顶和磨盘山）

11.鸡冠岭、大洞和龙洞沟

鸡冠岭位于九颗印西南约400米处，因山岩形似鸡冠，因而得名"鸡冠岭"。鸡冠岭处岩画临摹手稿共有一幅，为组合图形。

经过石船，再沿公路继续往南行约八十米，山腰上的天然岩洞便是大洞。现在洞口还能清晰看见当年僰人用石灰石和三合土修筑的防御工事。大洞处岩画临摹手稿共有五幅，其中人物一幅、动物一幅、符号三幅。

龙洞沟与九盏灯相对，龙洞沟里有一个天然溶洞，俗称"龙洞""二王洞"。龙洞沟处岩画临摹手稿共两幅人物图。（图3.16）

12.珍珠伞、猫儿坑、九颗印和地公庙

珍珠伞位于胜利大队二生产队。此处岩壁十分陡峭，其间一钟乳石形状酷似一把撑开的伞，伞面位置又有许多小的钟乳石，形似颗粒状的珍珠，因而此岩得名"珍珠伞"。珍珠伞处岩画临摹手稿共有动物一幅、符号两幅。

九颗印与邓家岩相对，因岩上有一组由十二块红色方块形状的岩画组成的图案，远远眺望，其中的九块最为显眼，犹如印章，因而得名"九颗印"。九颗印处岩画临摹手稿共有五幅，分别为动物一幅、符号四幅。

地公庙处岩画临摹手稿共有九幅，其中人物两幅、动物三幅、符号四幅。（图3.17）

（四）第四阶段的珙县僰人岩画临摹图

1979年，重庆市博物馆蒋万锡、汪里、姚志新组成小组对宜宾地区僰人悬棺进行考古调查，对宜宾的僰人悬棺及岩画分布进行统计，1981年，写成《宜宾地区悬棺葬调查记》

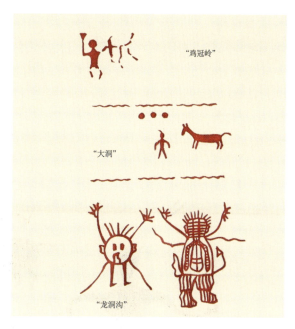

图3.16　曾水向临摹的麻塘坝岩画（鸡冠岭、大洞和龙洞沟）

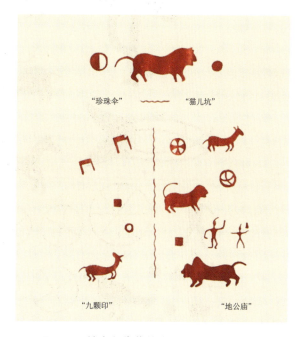

图3.17　曾水向临摹的麻塘坝岩画（珍珠伞、猫儿坑、九颗印和地公庙）

发表于《考古》，其中对棺材铺、狮子岩、大洞、九盏灯、猪圈门、磨盘山、邓家岩、三仙洞、玛瑙坡、硝洞、龙洞沟、付大田、白马洞、倒洞、马槽洞、珍珠伞、九颗印、鸡冠岭、地公庙十九处岩壁的二百一十幅岩画进行整理。（图3.18—图3.36）

　　棺材铺处记录岩画手稿共有二十六幅，其中人物两幅、动物六幅、组合五幅、符号十三幅。（图3.18）

图3.18　《宜宾地区悬棺葬调查记》中临摹的麻塘坝岩画（棺材铺）

大洞处记录岩画手稿共有三幅，其中人物一幅、动物一幅、符号一幅。（图3.19）

图3.19 《宜宾地区悬棺葬调查记》中临摹的麻塘坝岩画（大洞）

狮子岩处记录岩画手稿共有五十五幅，其中人物十五幅、动物九幅、组合十四幅、符号十七幅。（图3.20）

图3.20 《宜宾地区悬棺葬调查记》中临摹的麻塘坝岩画（狮子岩）

硝洞处记录岩画手稿共有八幅，其中人物一幅、动物一幅、符号六幅。（图3.21）

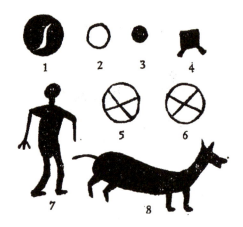

图3.21 《宜宾地区悬棺葬调查记》中临摹的麻塘坝岩画（硝洞）

九盏灯处记录岩画手稿共有二十四幅，其中人物十一幅、动物三幅、组合二幅、符号八幅。（图3.22）

图3.22 《宜宾地区悬棺葬调查记》中临摹的麻塘坝岩画（九盏灯）

磨盘山处记录岩画手稿共有两幅，其中动物一幅、符号一幅。（图 3.23）

图3.23 《宜宾地区悬棺葬调查记》中临摹的麻塘坝岩画（磨盘山）

鸡冠岭处记录岩画手稿为组合一幅。（图 3.24）

图3.24 《宜宾地区悬棺葬调查记》中临摹的麻塘坝岩画（鸡冠岭）

猪圈门处记录岩画手稿共有八幅，其中人物三幅、动物两幅、组合一幅、符号两幅。（图 3.25）

图3.25 《宜宾地区悬棺葬调查记》中临摹的麻塘坝岩画（猪圈门）

付大田处记录岩画手稿为人物一幅。（图 3.26）

图3.26　《宜宾地区悬棺葬调查记》中临摹的麻塘坝岩画（付大田）

珍珠伞处记录岩画手稿共有三幅，其中动物一幅、符号两幅。（图 3.27）

图3.27　《宜宾地区悬棺葬调查记》中临摹的麻塘坝岩画（珍珠伞）

邓家岩处记录岩画手稿共有十六幅，其中人物三幅、动物六幅、组合三幅、符号四幅。（图 3.28）

图3.28　《宜宾地区悬棺葬调查记》中临摹的麻塘坝岩画（邓家岩）

龙洞沟处记录岩画手稿共有人物两幅。（图 3.29）

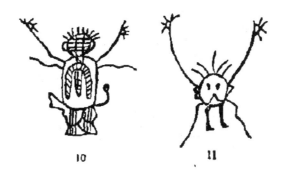

图3.29　《宜宾地区悬棺葬调查记》中临摹的麻塘坝岩画（龙洞沟）

三仙洞处记录岩画手稿共有十五幅，其中人物一幅、动物三幅、符号十一幅。（图 3.30）

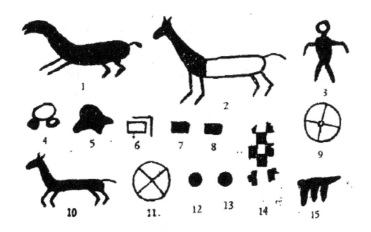

图3.30　《宜宾地区悬棺葬调查记》中临摹的麻塘坝岩画（三仙洞）

九颗印处记录岩画手稿共有六幅，其中动物一幅、符号五幅。（图 3.31）

图3.31　《宜宾地区悬棺葬调查记》中临摹的麻塘坝岩画（九颗印）

倒洞处记录岩画手稿共有五幅，其中动物两幅、组合一幅、符号两幅。（图3.32）

图3.32 《宜宾地区悬棺葬调查记》中临摹的麻塘坝岩画（倒洞）

玛瑙坡处记录岩画手稿共有九幅，其中人物两幅、符号七幅。（图3.33）

图3.33 《宜宾地区悬棺葬调查记》中临摹的麻塘坝岩画（玛瑙坡）

马槽洞处记录岩画手稿共有七幅，其中人物两幅、动物一幅、组合一幅、符号三幅。（图3.34）

图3.34 《宜宾地区悬棺葬调查记》中临摹的麻塘坝岩画（马槽洞）

白马洞处记录岩画手稿共有十一幅，其中动物三幅、组合四幅、符号四幅。（图3.35）

图3.35　《宜宾地区悬棺葬调查记》中临摹的麻塘坝岩画（白马洞）

地公庙处记录岩画手稿共有九幅，其中人物两幅、动物三幅、符号四幅。（图3.36）

图3.36　《宜宾地区悬棺葬调查记》中临摹的麻塘坝岩画（地公庙）

（五）第五阶段的珙县僰人岩画临摹图

1985 年 1 月，在对麻塘坝悬棺葬的第二次清理发掘中，临摹者曾水向先生登上清理现场几十米高的脚手架，靠近九盏灯顶端峭壁，补临了在地面上无法看清，之前没有临摹到的十几幅岩画。（图3.37）

图3.37　曾水向第二次临摹的麻塘坝岩画

二、珙县僰人岩画图形的摹习

从 1935 年到现在时间又已经悄然走过了八十九年。细细翻阅葛维汉、石钟健、蒋万锡、曾水向诸先生在不同年月、不同季节、不同心情下所临摹的珙县僰人岩画，著者心中对珙县僰人充满不尽遐想。站在当年僰人所生活的岩壁下，努力找寻着僰人留下的印记。看，太阳徽；看，骑马飞奔的僰人；看，站在马背上表演的僰人；看，憨态可掬的小狗……此时，僰人仿若与我在一起。

从麻塘坝东岩到麻塘坝西岩，依据蒋万锡与曾水向先生的临摹手稿，我一处一处比对寻找，可喜的是通过他们记录的岩画位置，我在短时间内便已搜寻到了不少僰人岩画遗迹，遗憾的是很多僰人岩画因风雨和阳光变得难以辨认或只能依稀看到些许红色印记了。我将还可以辨识的僰人岩画图形用拍摄实景照片的形式记录下来，并与曾水向先生的临摹手稿进行比照，以感知僰人岩画图形的魅力。将两百多幅僰人岩画图形实景照片与曾水向先生临摹手稿比照，发现曾水向先生的临摹手稿还原度很高，透过曾水向先生的临摹手稿，我们在现场依旧能够勾勒出已经不再清晰的僰人岩画图形，想象那些不再能够看到的僰人岩画图形。下面，将清晰、较容易辨认的珙县僰人岩画图形实景照片与曾水向先生临摹手稿以对比的形式呈现（见表 3.2）。目前，狮子岩处的僰人岩画图形的清晰度、辨识度是最高的，数量也是最多的。

表 3.2　珙县僰人岩画图形实景照片与曾水向先生临摹手稿对比

珙县僰人岩画图形实景照片	临摹稿	珙县僰人岩画图形实景照片	临摹稿

续表

珙县僰人岩画图形实景照片	临摹稿	珙县僰人岩画图形实景照片	临摹稿

续表

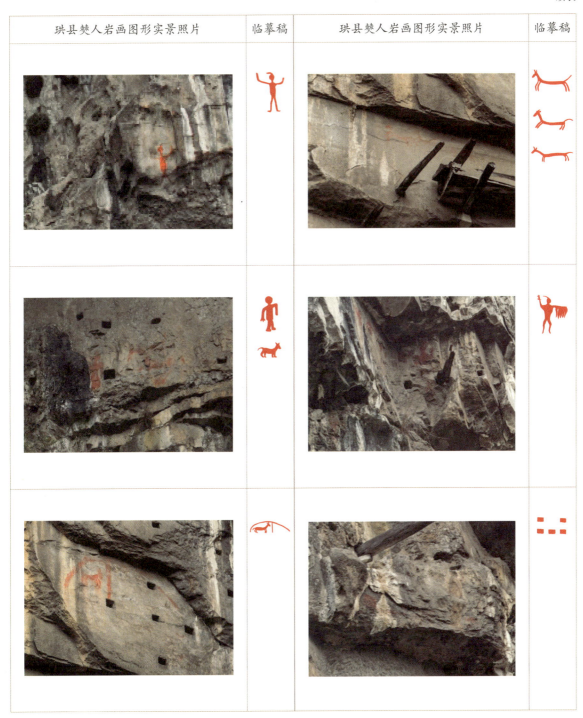

珙县僰人岩画图形实景照片	临摹稿	珙县僰人岩画图形实景照片	临摹稿

续表

珙县僰人岩画图形实景照片	临摹稿	珙县僰人岩画图形实景照片	临摹稿

046

续表

珙县僰人岩画图形实景照片	临摹稿	珙县僰人岩画图形实景照片	临摹稿

续表

珙县僰人岩画图形实景照片	临摹稿	珙县僰人岩画图形实景照片	临摹稿

续表

续表

珙县僰人岩画图形实景照片	临摹稿	珙县僰人岩画图形实景照片	临摹稿

三、僰人岩画的分类

珙县僰人的民族特征、社会背景、自然环境造就了僰人岩画图形独特的气质。大自然里未经开凿的岩壁是僰人天然的画布，原始的平涂手法是僰人对生活最质朴的感悟。

通过梳理葛维汉、石钟健、蒋万锡、曾水向四组研究人士的临摹手稿，实地测绘、比对珙县麻塘坝东西两岩的实体岩画，发现珙县麻塘坝岩画图形题材丰富多彩、兼具写实性与抽象性。岩画图形内容以人物舞蹈、马术、畜牧、渔猎等活动为主体，配以自然物象或抽象纹样的动物、器物、符号，有明显生活化、社会化特点。色彩以红色为主，配以少量白色。造型多以正面和侧面形式展现。根据珙县麻塘坝岩画图形题材、内容、色彩、造型特征可以将珙县麻塘坝岩画图形做以下分类（见表 3.3）。

表 3.3 珙县僰人岩画分类

	人物	动物	组合	符号
色彩	红色	红色、白色	红色	红色、白色
表现手法	以平面剪影为主，部分线造型或线面结合			点、线、面
造型形式	正面	侧面	正面与侧面结合	正面
造型特点	写实	写实	抽象	写实

（一）珙县僰人岩画图形——人物类

在宜宾珙县麻塘坝岩画里，人物是其中重要的一类。人物类图形主要以平面剪影式造型为主，少部分采用线造型，且岩画图形中无论何种动态多取正面形态造型。将宜宾珙县麻塘坝岩画里的人物类岩画罗列观察，像是身临僰人生活的家园。一个个人物性格各异，可以清晰地看到僰人捕猎、劳作、欢呼雀跃地舞蹈……此时，僰人如此清晰，又如此熟悉。岩画人物独特的头部造型昭示着他们不一般的生活史，人物上下肢丰富的体位动态刻画，尽显珙县僰人岩画人物的灵动和质朴。

（二）珙县僰人岩画图形——动物类

在宜宾珙县麻塘坝岩画里除人物图形外，动物图形也非常丰富，不仅有陆地上的马、虎、猪、狗、牛，还有天上的鸟儿、水里的鱼儿等。动物类岩画里无论是春日阳光卜止在进食的马儿，还是奔跑中的老虎，又或是振翅欲飞的鸟儿和昂头向上奋力前行的鱼儿都形象地记录了僰

人日常的生产和生活环境，不用闭上双眼都能在头脑里描绘一幅幅人与自然共生的和谐画面，这足以让我们看到僰人日常生活的丰富文化内涵以及生存发展观念。

（三）珙县僰人岩画图形——符号类

在宜宾珙县麻塘坝岩画里，有我们熟悉且现在仍常用的如方形、太阳、车轮、十字、三角形、五角形、长方形、圆形、同心圆套六角星或五角星、长方形内作对角线等符号。有部分珙县僰人岩画图形还与象征权利的铜鼓纹饰非常相似，这不禁给我们带来更多的遐想。

（四）珙县僰人岩画图形——组合类

在宜宾珙县麻塘坝岩画里，除人物类、动物类和符号类外，还有一类人物和动物组合、人物和符号组合、人物和动物及器物组合的图形，我们称其为组合类岩画图形。这一类型的岩画在造型比例上并不精确，但整体组合关系不仅形象叙事且充满生动的视觉美感，细看这些组合类的珙县僰人岩画，宛如亲历一个又一个的僰人生活故事。

第四章

珙县僰人岩画图形再造

全球文明一体化引发了设计的趋同现象。要彻底改变趋同的现状，必须从本土文化中去寻找设计源泉。本土文化不是或不仅仅是形成某种风格，更多地表现为一种创造地域特色的思路和方法。一切优秀的设计作品都具备了一个共性，即对地域文化的尊重。但无论是未来设计的发展创新或是变革，其都是在对传统的辩证否定的过程中产生的，既基于继承也有否定，任何一种新的形式的出现都与其地域性文化有着千丝万缕的联系。任何所谓的最前沿的设计也都无法回避作品中沉淀的具有地域性特征的文化痕迹。我们既要向"前"看，又要向"后"看，既要追求人类的共性，又要保持自身的独特性。形式并不是最主要的，重要的是立足于当时当地的现实生活，基于这种真实性才能具有活力。只有在理解和尊重地域环境的基础上，更多地注重历史、尊重文化，深入挖掘地域文化的精髓，才能营造出更具特色和内涵的设计。

一、提取元素

对地域的思想意识、伦理道德、生活习惯、审美情趣等各种因素的创造性融合，可以造就独特的设计。设计师只有在对地域文化有深刻研究的基础上，通过消化、理解，再应用到自己的设计创作中，才能体现出当地地域文化的精髓。因此，设计要通过对地域文化的研究来获得创作灵感，我们只有深刻理解地域文化的起源和发展过程，理解人类文化和自然的互动关系，才能在设计的实践中诠释和弘扬地域文化。与此同时，设计与地域文化之间是相互作用、相互影响的。将地域文化的特质铭刻于设计之中，从文化的角度塑造出设计的地区风格，才能让那些蕴含着文化认同感和场所精神的成功作品成为地区的标志，成为几代甚至几十代人的生活回忆，成为地区社会的心理寄托和情感归宿。

1. 色彩元素提取

色彩，有着先声夺人的作用，不仅能体现美感，还能快速传达信息。珙县僰人岩画涂绘颜料大部分是水合碱性硫酸铁的橙红色，少部分是石灰与石膏混合物的白色。岩画图形色调统一、色彩鲜艳，区域性风格特征显著。每个民族都有自己的色彩，颜色记录了地域文化演进的过程。色彩承载历史记忆，是地域文化信息传播的重要媒介。

2. 图形元素提取

图形元素通过具体形态，传递直观视觉效果，引导心理活动。一个地区的传统形态元素往往因其悠久的历史及灿烂的文化而呈现多样性。珙县僰人岩画图形以线面结合为主，面强而线次，线面连贯，略有对比。图形整体较为浑圆，不像北方系统主要以刻凿为手法，粗狂苍劲，重神似和装饰而写实技巧不高，也不像广西花山岩画以方折竖挺的块面为主，图形劲直和几何化；因而呈现出较为含蓄、轻松与柔和的气息。无论是形态各异的人物类、栩栩如生的动物类、形简意浓的符号类，还是场景生动的组合类，都具有强烈的地方特征和民族特色。

二、建立母体元素库

珙县僰人岩画母体元素库中使用的岩画图形，是从曾水向先生临摹手稿中提取的。现场调研比对发现，珙县麻塘坝很多僰人岩画因风雨和阳光的作用变得难以辨认或是看不到了。将曾水向先生临摹手稿与两百多幅僰人岩画图形实景进行点位、数量、形态比照，发现曾水向先生的临摹手稿还原度很高，与实景基本一致；而曾水向先生继 1974 年后又于 1985 年 1 月再次参加四川省文物管理委员会、四川省博物馆、珙县文化馆联合维修发掘，对僰人岩画有过二次查缺式补临摹，这使曾水向先生的临摹手稿是目前最完善的。根据珙县僰人岩画色彩、表现手法、造型形式、造型特点，通过现场勘测和文献梳理，将珙县僰人岩画图形分为人物、动物、组合、器物四大类，并按分类依次建立母体元素库。这些元素有着鲜明的族属特征和地域特色，蕴藏了丰富的人文内涵，具备了许多可资传承、借鉴、弘扬与创新的文化因素。珙县僰人岩画母体元素库如表 4.1、表 4.2、表 4.3、表 4.4 所示。

（一）人物类母体元素库

珙县僰人岩画人物类母体元素库选择了五十四幅典型的僰人岩画图形。这些人物类图形具有质朴、灵动的艺术气息，造型具有写实与提炼相结合、现实性与虚拟性相结合的特点。人物造型比例准确、结构合理、动态自然、传神达意，较之其他岩画显得成熟而轻松，体现了绘制者较高的写实水平和比较熟练的写实表现能力。在绘制的表现手法上也极为简洁洗练：画面以平面剪影的方式，以对象本身的轮廓为基本图形，不加任何细节刻画和线面装饰，便准确到位地传达了对象的动作、状态甚至情绪。画面的虚实、疏密、节奏等都不是刻意增添和组织的，而是自然而然地因表现对象自身的基本结构关系而形成的，具有一种质朴天成的原生态美感。岩画中人物的头部是一个比较规整的圆形，脖颈与头部自然衔接，粗细恰当，长短适度；胸部是一个合理的梯形，与头颈比例关系恰当；下肢与躯干部分的衔接协调自然；人物的运动状态、运动节奏和运动中的肢体细节均一气呵成，关节肌肉亦有一定表现，达到了较高的写实水平。由于人物各个部分是以连贯的曲线和动势相衔接的，外形的转折与起伏便显得优美而柔和。人物都采用正面式描绘，便于表现完整的基本特征与动态。头部大多饰有一斜向的椎髻，以一条较短较细的弧线表现，与人物的绘制风格相协调，又与身躯、四肢形成了粗细、长短、强弱的对比，既表现了一种独特的民族服饰习俗，又为画面增加了形式上的对比因素，使画面活跃又风格独具。为设计时方便选取，将人物类母体元素库中的母体元素冠以"人"字拼音首字母再进行编排，如第一幅人物类母体元素编为 r-1 号，第二幅人物类母体元素编为 r-2 号，直至编为 r-54 号（见表 4.1）。

表 4.1　珙县僰人岩画人物类母体元素库

类别	母体元素							
人物								
	r-1	r-2	r-3	r-4	r-5	r-6	r-7	r-8
	r-9	r-10	r-11	r-12	r-13	r-14	r-15	r-16

类别	母体元素						
人物	r—17	r—18	r—19	r—20	r—21	r—22	r—23	r—24
	r—25	r—26	r—27	r—28	r—29	r—30	r—31	r—32
	r—33	r—34	r—35	r—36	r—37	r—38	r—39	r—40
	r—41	r—42	r—43	r—44	r—45	r—46	r—47	r—48
	r—49	r—50	r—51	r—52	r—53	r—54		

（二）动物类母体元素库

珙县僰人岩画动物类母体元素库选择了五十八幅典型的僰人岩画图形。这些丰富多彩而又形象传神的动物，都在简朴、单纯、柔和、流畅的平面涂绘中表现出来。为数不多的鸟造型简洁而夸张，较之马匹的写实更具有装饰、提炼的意味，图形烂漫，似信手拈来，率真而有趣味，给岩画增添了更多的稚拙感。鱼的造型写实，比例准确。还有一类动物形体与虎相似，却有更肥胖的肚子和圆浑的四肢，全身无纹，头较小且无耳，有鱼尾状或扫帚状的尾，大象般敦实的圆腿，圆台似的四蹄。为设计时方便选取，将动物类母体元素库中的母体元素冠以"动"字拼音首字母再进行编排，如第一幅动物类母体元素编为 d-1 号，第二幅动物类母体元素编为 d-2 号，直至 d-58 号（见表 4.2）。

表 4.2　珙县僰人岩画动物类母体元素库

类别	母体元素							
动物	d-1	d-2	d-3	d-4	d-5	d-6	d-7	d-8
	d-9	d-10	d-11	d-12	d-13	d-14	d-15	d-16
	d-17	d-18	d-19	d-20	d-21	d-22	d-23	d-24
	d-25	d-26	d-27	d-28	d-29	d-30	d-31	d-32
	d-33	d-34	d-35	d-36	d-37	d-38	d-39	d-40

续表

类别	母体元素						
动物	d-41	d-42	d-43	d-44	d-45	d-46	d-47	d-48
	d-49	d-50	d-51	d-52	d-53	d-54	d-55	d-56
	d-57	d-58						

（三）符号类母体元素库

珙县僰人岩画符号类母体元素库选择了九十三幅典型的僰人岩画图形。符号图形元素简练统一，且形式多样富于变化，不拘泥于细节的深入性和准确性。有的图形按横向或纵向排列组合，使图形呈现上下动荡的感觉，静中显动，匠心独具。这些简洁、规整、明快的几何符号，与那些自然、流动的手绘人物、动物图形形成了鲜明的对比。为设计时方便选取，将符号类母体元素库中的母体元素冠以"符"字拼音首字母再进行编排，如第一幅符号类母体元素编为f-1号，第二幅符号类母体元素编为f-2号，直至f-93号（见表4.3）。

表4.3 珙县僰人岩画符号类母体元素库

类别	母体元素						
符号	f-1	f-2	f-3	f-4	f-5	f-6	f-7	f-8

续表

类别	母体元素							
符号	f—9	f—10	f—11	f—12	f—13	f—14	f—15	f—16
	f—17	f—18	f—19	f—20	f—21	f—22	f—23	f—24
	f—25	f—26	f—27	f—28	f—29	f—30	f—31	f—32
	f—33	f—34	f—35	f—36	f—37	f—38	f—39	f—40
	f—41	f—42	f—43	f—44	f—45	f—46	f—47	f—48
	f—49	f—50	f—51	f—52	f—53	f—54	f—55	f—56
	f—57	f—58	f—59	f—60	f—61	f—62	f—63	f—64

续表

类别	母体元素							
符号	f-65	f-66	f-67	f-68	f-69	f-70	f-71	f-72
	f-73	f-74	f-75	f-76	f-77	f-78	f-79	f-80
	f-81	f-82	f-83	f-84	f-85	f-86	f-87	f-88
	f-89	f-90	f-91	f-92	f-93			

（四）组合类母体元素库

珙县僰人岩画组合类母体元素库选择了三十六幅典型的僰人岩画图形。马是珙县僰人岩画动物图形中总量最多的。马的表现具有较强的写实性特征。所有的马匹都有与头颈相连的圆浑流动的身躯与短健的四肢，躯干与四肢的比例对于写实而言显然不够理想，但腿、蹄的局部剪影却比例恰当、动态合理，很生动且富于表现力。头部特征不很分明，但整体造型仍足以表达马匹特征。组合类图形中以人马组合的数量最多。图形中无论是坐骑者，还是坐骑的动态都非常丰富，有似翩翩起舞者，有似慵懒放牧者，有似欢快表演者，有似勇猛战斗者，有似快马疾驰者……具体造型各不相同，没有重复，且动态丰富、形态美观。为设计时方便选取，将组合类母体元素库中的母体元素冠以"组"字拼音首字母再进行编排，如第一幅组合类母体元素编为 z-1 号，第二幅组合类母体元素编为 z-2 号，直至 z-36 号（见表 4.4）。

表 4.4　珙县僰人岩画组合类母体元素库

类别	母体元素							
组合	z-1	z-2	z-3	z-4	z-5	z-6	z-7	z-8
	z-9	z-10	z-11	z-12	z-13	z-14	z-15	z-16
	z-17	z-18	z-19	z-20	z-21	z-22	z-23	z-24
	z-25	z-26	z-27	z-28	z-29	z-30	z-31	z-32
	z-33	z-34	z-35	z-36				

三、直接运用模式

珙县僰人岩画图形体现了僰人独有的民族特征以及艺术审美。僰人是一个没有文字的民族，岩画便是僰人的文字，是僰人记录历史、保留记忆、描绘生活的一种重要方式。僰人岩画中大部分人物头顶画有一笔垂立而略有弯曲的线条，这种人物头饰图像，当是古代僚人"椎髻"习俗的表现手法。椎髻习俗随着都掌蛮的消亡而消失，留在悬崖石壁上的头饰椎髻的人物图形，成为历史的记录和艺术的再现。僰人岩画中蕴含了僰人古老的历史文化特征和审美观念。在信息流穿破了传统时空的今天，我们更应该从一个新的角度去理解和认识地域文化及其特征。设计植根于地域文化，指的不是或不仅是形成某种风格，而更多地表现为一种创造地域特色的思路和方法。

所以，我们立足珙县僰人岩画图形，在理解时代精神、价值观、审美观的基础上提出"运用模式"，结合现代技术、材料、工艺、手法，再造出符合现代需求的设计图形。"运用模式"是在绝对保留珙县僰人岩画图形主要特征、确保其图形标识性的前提下，主观编排图形形式，或是改变图形可视形式，又或变换某一部分造型轮廓，使其产生新的图形。具体可通过镂空图形、主观编排组合图形、覆盖图形、使图形立体、强化图形轮廓的形式实现图形再造。这样的图形既具现代感，又散发出传统地域文化气息。通过长期对不同类型、不同需求、不同场地环境的任务反复进行创作设计实践，我们总结出实用性强、预期效果明显的五类七种直接运用模式（见表4.5）。

表4.5　珙县僰人岩画五类七种直接运用模式

母体元素	直接运用模式	镂空模式	全镂空模式
			半镂空模式
		组合模式	一个基本元素组合模式
			多个基本元素组合模式
		覆盖模式	
		立体模式	
		强化轮廓模式	

珙县僰人岩画图形再造的直接运用模式是指，不改变母体元素的造型轮廓，只对母体元素呈现的形式做出适当和适量调整的设计方法。这种方法使得母体元素能以一种出其不意而又特别熟悉的形式出现在艺术设计方案中，以最大限度的创造使观者易于接纳。

　　具体流程如下：

　　第一步，在母体元素库中选取适合的母体元素。

　　第二步，将母体元素进行数字化轮廓采集，即采集基本元素。

　　第三步，将基本元素运用镂空、组合、覆盖、立体和强化轮廓的模式进行再造，产生新的图形。

　　第四步，将新图形运用于设计方案。

　　直接运用模式有五类，分别是：镂空模式、组合模式、覆盖模式、立体模式、强化轮廓模式。其中镂空模式又细分为全镂空模式、半镂空模式；组合模式又细分为一个基本元素组合模式、多个基本元素组合模式。需要注意的是直接运用模式在运用时并不是直接无条件照搬图形，而是以形式美法则为基础，根据实际需要进行选择，以求达到整体感官效果的和谐。运用这五类直接模式进行设计，既可满足设计需求，又可以提升文化氛围和价值。它作为一种物质形式载体，充分彰显了地域文化。与此同时，地域文化为现代设计提供了丰富的设计元素。通过深入挖掘地域文化内涵，突出文化特征的元素和象征符号被提取并合理应用于现代设计。这样开展的创新和富有成效的工作，更有利于推动中华优秀文化的继承和发展。

　　下面将结合景观小品设计案例一一阐述这五类七种直接运用模式。

（一）全镂空模式

全镂空模式：是指在珙县僰人岩画母体元素库中选取适合的母体元素，随后将母体元素进行数字化轮廓采集，形成基本元素，接着在不改变基本元素形态结构的前提下，使基本元素附着在其他设计元素之上，与其他设计元素组成图底视觉关系，最后将基本元素图形沿轮廓挖除，形成具有基本元素图形轮廓孔洞的模式。

示例 4.1：建筑小品之景观墙设计（2018 级环境设计专业　饶娟设计）

步骤	过程
1. 选择母体元素	
2. 采集基本元素	
3. 运用全镂空模式设计的景观小品草图	

运用全镂空模式设计的景观小品场景运用效果展示：

（二）半镂空模式

半镂空模式：是指在珙县僰人岩画母体元素库中选取适合的母体元素，随后将母体元素进行数字化轮廓采集，形成基本元素，接着在不改变基本元素形态结构的前提下，使基本元素附着在其他设计元素之上，与其他设计元素组成图底视觉关系，最后将基本元素图形沿轮廓部分挖除，形成具有基本元素图形部分轮廓的孔洞，或是基本元素图形部分暴露的模式。

示例 4.2：设施小品之信息设施小品设计（2018 级环境设计专业　唐江浩设计）

步骤	过程
1. 选择母体元素	
2. 采集基本元素	
3. 运用半镂空模式设计的景观小品草图	

运用半镂空模式设计的景观小品场景运用效果展示：

（三）一个基本元素组合模式

一个基本元素组合模式：是指在珙县僰人岩画母体元素库中选取适合的母体元素，随后将母体元素进行数字化轮廓采集，形成基本元素，结合创作依据和形式美法则将基本元素进行发散型、缠绕型或其他类型排列、组合的模式。

示例 4.3：建筑小品之景观墙设计（2018 级环境设计专业　旷小鹏设计）

步骤	过程
1. 选择母体元素	
2. 采集基本元素	
3. 运用一个基本元素组合模式设计的景观小品草图	

运用一个基本元素组合模式设计的景观小品场景运用效果展示：

（四）多个基本元素组合模式

多个基本元素组合模式：是指在珙县僰人岩画母体元素库中一次选取多个适合的母体元素，随后将母体元素进行数字化轮廓采集，形成基本元素，结合创作依据和形式美法则将基本元素进行发散型、缠绕型或其他类型排列、组合的模式。

示例 4.4：设施小品之树池算设计（2017 级环境设计专业　王雨设计）

步骤	过程
1. 选择母体元素	
2. 采集基本元素	
3. 运用多个基本元素组合模式设计的景观小品草图	

运用多个基本元素组合模式设计的景观小品场景运用效果展示：

（五）覆盖模式

覆盖模式：是指在珙县僰人岩画母体元素库中选取适合的母体元素，随后将母体元素进行数字化轮廓采集，形成基本元素，结合创作依据和形式美法则将基本元素直接覆盖于其他设计元素之上，和其他设计元素形成图底视觉关系的模式。

示例 4.5：植物造景小品之树池设计（2018 级环境设计专业　赵越设计）

步骤	过程
1.选择母体元素	
2.采集基本元素	
3.运用覆盖模式设计的景观小品草图	

运用覆盖模式设计的景观小品场景运用效果展示：

（六）立体模式

立体模式：是指在珙县僰人岩画母体元素库中选取适合的母体元素，随后将母体元素进行数字化轮廓采集，形成基本元素，结合创作依据和形式美法则将基本元素进行竖向或横向立体式放置的模式。

示例 4.6：建筑小品之花架设计（2018 级环境设计专业　肖巧艺设计）

步骤	过程
1. 选择母体元素	
2. 采集基本元素	
3. 运用立体模式设计的景观小品草图	

运用立体模式设计的景观小品场景运用效果展示：

（七）强化轮廓模式

强化轮廓模式：是指在珙县僰人岩画母体元素库中选取适合的母体元素，随后将母体元素进行数字化轮廓采集，形成基本元素，结合创作依据和形式美法则与其他设计元素组成图底视觉关系，后将基本元素图形沿轮廓进行加粗或镂空，使基本元素图形被强化，形成视觉焦点的模式。

示例 4.7：设施小品之信息设施小品设计（2018 级环境设计专业　胡骏立设计）

步骤	过程
1. 选择母体元素	
2. 采集基本元素	
3. 运用强化轮廓模式设计的景观小品草图	

运用强化轮廓模式设计的景观小品场景运用效果展示：

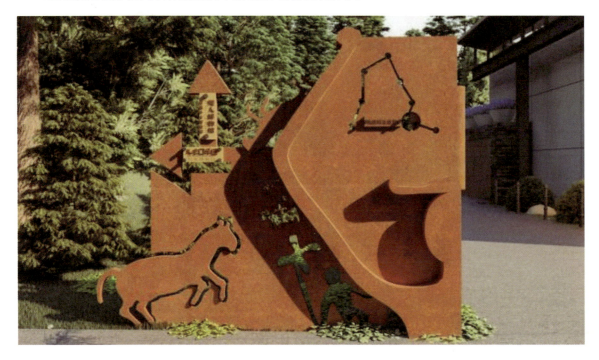

景观小品是包裹在文化形态中的空间景观，给人以亲切感、归属感和认同感。景观小品不仅追求视觉效果，更注重物质性和精神性的融合，它是思想的综合表现，是社会文化的载体，还是文化的映射。地域文化需要有客观的物质载体进行展示，而景观小品自身的直观性和可塑造性正为传承地域特色、发扬地域文化提供了可能。地域文化的文化环境是地域景观小品的内在体现和源泉。人们长期生活在某种文化环境中，会形成特定的价值取向、行为规范和心理特征等。不同的文化环境会产生不同的行为活动和心理感受。充分挖掘城市历史文化、民族文化等人文因素，在现代景观小品中展示城市文化，彰显地域特色，是满足人们的心理需求的根源所在。现代景观小品作为城市景观的重要表现，除了满足基本功能需求和使用要求外，还要注重展现城市文化或城市面貌，满足人们的心理需求。地域文化中包含地方民族特有的精神生活和物质生活元素，有地方人们最熟知的文化元素，能使观者产生共鸣和亲切感。在地方景观小品设计中运用这些地域文化元素，能使观者自然参与当地文化的认知，实现有效设计。

四、裂变运用模式

珙县僰人岩画图形再造裂变运用模式是指，在绝对保留每一个或每一类母体元素的主要特征，确保母体元素标识性的前提下，将母体元素进行数字化轮廓采集，形成基本元素，接着用排列、拉伸、切分、堆叠、挖空、附加、弯曲、错位、结合、拔高、隐藏、替换等裂变设计模式主观改变基本元素的某一部分形态，从而获得新图形，这个新图形就是"裂变元素"。我们立足珙县僰人岩画图形，在理解时代精神、价值观、审美观的基础上提出"裂变运用模式"，结合现代技术、材料、工艺、手法，再造出符合现代需求的图形。裂变运用模式一定要在绝对保留珙县僰人岩画图形主要特征、确保其图形标识性的前提下进行。通过长期对不同类型、不同需求、不同场地环境的任务反复进行创作设计实践，总结出下表所示的十二类二十三种裂变运用模式（见表 4.6）。

表 4.6　珙县僰人岩画十二类二十三种裂变运用模式

母体元素	裂变运用模式	排列裂变模式	一个基本元素有序排列裂变模式 多个基本元素无序排列裂变模式
		拉伸裂变模式	一个基本元素拉伸裂变模式 多个基本元素拉伸裂变模式
		切分裂变模式	一个基本元素竖向切分裂变模式 一个基本元素横向切分裂变模式
		堆叠裂变模式	一个基本元素左右堆叠裂变模式 一个基本元素前后堆叠裂变模式 多个基本元素上下堆叠裂变模式
		挖空裂变模式	一个基本元素局部挖空裂变模式 一个基本元素挖空裂变模式 多个基本元素局部挖空裂变模式
		附加裂变模式	
		弯曲裂变模式	一个基本元素整体弯曲裂变模式 一个基本元素局部弯曲裂变模式
		错位裂变模式	
		结合裂变模式	一个基本元素结合裂变模式 一个基本元素与其他元素结合裂变模式 多个基本元素结合裂变模式
		拔高裂变模式	一个基本元素横向拔高裂变模式 一个基本元素竖向拔高裂变模式
		隐藏裂变模式	
		替换裂变模式	

　　裂变运用模式共有十二类二十三种。因模式种类较多，为区分、理解模式异同，特选择珙县僰人岩画人物类母体元素库 r-28 图形 ，进行裂变示范。裂变设计模式与裂变元素如下表所示（见表 4.7）。

表 4.7　十二类二十三种裂变设计模式示范

母体元素	裂变设计模式	裂变元素
	排列裂变模式	
	拉伸裂变模式	
	切分裂变模式	
	堆叠裂变模式	

母体元素	裂变设计模式	裂变元素
	挖空裂变模式	
	附加裂变模式	
	弯曲裂变模式	
	错位裂变模式	
	结合裂变模式	

续表

母体元素	裂变设计模式	裂变元素
	拔高裂变模式	
	隐藏裂变模式	
	替换裂变模式	

裂变设计模式具体流程如下：

第一步，在母体元素库中选取适合的母体元素。

第二步，将母体元素进行数字化轮廓采集，形成设计的基本元素。

第三步，将基本元素运用排列、拉伸、切分、堆叠、挖空、附加、弯曲、错位、结合、拔高、隐藏、替换的模式进行再造，产生新的图形（裂变元素）。

第四步，将新图形（裂变元素）运用于设计方案。

下面将结合景观小品设计案例一一阐述这十二类二十三种裂变设计模式。

（一）一个基本元素有序排列模式

一个基本元素有序排列模式：是指在珙县僰人岩画母体元素库中选取适合的母体元素，随后将母体元素进行数字化轮廓采集，形成基本元素，接着结合创作依据和形式美法则，将基本元素进行横向、竖向、渐变等形式的有序排列的模式。

示例 4.8：设施小品之座椅设计（2017 级环境设计专业　程于颖设计）

步骤	过程
1.选择母体元素	
2.采集基本元素	
3.裂变出裂变元素	
4.运用一个基本元素有序排列模式设计的景观小品草图	

运用一个基本元素有序排列模式设计的景观小品场景运用效果展示：

（二）多个基本元素无序排列模式

多个基本元素无序排列模式：是指在珙县僰人岩画母体元素库中选取适合的几个母体元素，随后将母体元素进行数字化轮廓采集，形成基本元素，接着结合创作依据和形式美法则，将几个基本元素进行主观意向排列的模式。

示例 4.9：建筑小品之景观墙设计（2017 级环境设计专业　程于颖设计）

步骤	过程
1. 选择母体元素	
2. 采集基本元素	
3. 裂变出裂变元素	
4. 运用多个基本元素无序排列模式设计的景观小品草图	

运用多个基本元素无序排列模式设计的景观小品场景运用效果展示：

（三）一个基本元素拉伸模式

一个基本元素拉伸模式：是指在珙县僰人岩画母体元素库中选取适合的母体元素，随后将母体元素进行数字化轮廓采集，形成基本元素，接着在绝对保留基本元素主要特征，确保基本元素的标识性不被改变的前提下，将所调取的基本元素局部用横向或竖向拉伸的方式裂变出裂变元素的模式。

示例 4.10：设施小品之护栏设计（2017 级环境设计专业　王雨设计）

步骤	过程
1. 选择母体元素	
2. 采集基本元素	
3. 裂变出裂变元素	
4. 运用一个基本元素拉伸模式设计的景观小品草图	

运用一个基本元素拉伸模式设计的景观小品场景运用效果展示：

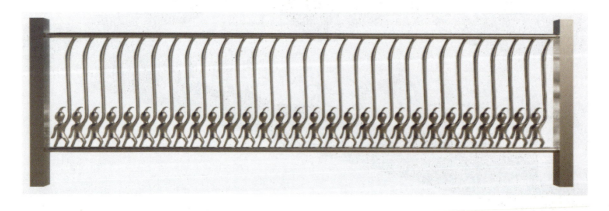

（四）多个基本元素拉伸模式

多个基本元素拉伸模式：是指在珙县僰人岩画母体元素库中选取适合的几个母体元素，随后将母体元素进行数字化轮廓采集，形成基本元素，接着在绝对保留主要特征，确保基本元素的标识性不被改变的前提下，将所调取的多个基本元素局部用横向或竖向拉伸的方式裂变出多个裂变元素的模式。

示例4.11：设施小品之护栏设计（2018级环境设计专业 李娅南设计）

步骤	过程
1. 选择母体元素	
2. 采集基本元素	
3. 裂变出裂变元素	
4. 运用多个基本元素拉伸模式设计的景观小品草图	

运用多个基本元素拉伸模式设计的景观小品场景运用效果展示：

（五）一个基本元素竖向切分模式

一个基本元素竖向切分模式：是指在珙县僰人岩画母体元素库中选取适合的母体元素，随后将母体元素进行数字化轮廓采集，形成基本元素，接着在绝对保留主要特征，确保基本元素的标识性不被改变的前提下，将所调取的基本元素进行竖向切分裂变的模式。

示例 4.12：植物造景小品之花钵设计（2017 级环境设计专业　程于颖设计）

步骤	过程
1. 选择母体元素	
2. 采集基本元素	
3. 裂变出裂变元素	
4. 运用一个基本元素竖向切分模式设计的景观小品草图	

运用一个基本元素竖向切分模式设计的景观小品场景运用效果展示：

（六）一个基本元素横向切分模式

一个基本元素横向切分模式：是指在珙县僰人岩画母体元素库中选取适合的母体元素，随后将母体元素进行数字化轮廓采集，形成基本元素，接着在绝对保留主要特征，确保基本元素的标识性不被改变的前提下，将所调取的基本元素进行横向切分裂变的模式。

示例4.13：设施小品之垃圾桶设计（2017级环境设计专业　王雨设计）

步骤	过程
1.选择母体元素	
2.采集基本元素	
3.裂变出裂变元素	
4.运用一个基本元素横向切分模式设计的景观小品草图	

运用一个基本元素横向切分模式设计的景观小品场景运用效果展示：

（七）一个基本元素左右堆叠模式

一个基本元素左右堆叠模式：是指在珙县僰人岩画母体元素库中选取适合的母体元素，随后将母体元素进行数字化轮廓采集，形成基本元素，接着在绝对保留主要特征，确保基本元素的标识性不被改变的前提下，将所调取的基本元素向左右有序或无序堆叠裂变的模式。

示例4.14：设施小品之信息设施小品设计（2017级环境设计专业　程于颖设计）

步骤	过程
1.选择母体元素	
2.采集基本元素	
3.裂变出裂变元素	
4.运用一个基本元素左右堆叠模式设计的景观小品草图	

运用一个基本元素左右堆叠模式设计的景观小品场景运用效果展示：

（八）一个基本元素前后堆叠模式

一个基本元素前后堆叠模式：是指在珙县僰人岩画母体元素库中选取适合的母体元素，随后将母体元素进行数字化轮廓采集，形成基本元素，接着在绝对保留主要特征，确保基本元素的标识性不被改变的前提下，将所调取的基本元素向前后有序或无序堆叠裂变的模式。

示例 4.15：雕塑小品之装饰性雕塑小品设计（2018 级环境设计专业　吴佳雯设计）

步骤	过程
1. 选择母体元素	
2. 采集基本元素	
3. 裂变出裂变元素	
4. 运用一个基本元素前后堆叠模式设计的景观小品草图	

运用一个基本元素前后堆叠模式设计的景观小品场景运用效果展示：

（九）多个基本元素上下堆叠模式

多个基本元素上下堆叠模式：是指在珙县僰人岩画母体元素库中选取适合的几个母体元素，随后将母体元素进行数字化轮廓采集，形成基本元素，接着在绝对保留主要特征，确保基本元素的标识性不被改变的前提下，将所调取的多个基本元素向上下有序或无序堆叠裂变的模式。

示例 4.16：雕塑小品之装饰性雕塑小品设计（2018 级环境设计专业　李娅南设计）

步骤	过程
1. 选择母体元素	
2. 采集基本元素	
3. 裂变出裂变元素	
4. 运用多个基本元素上下堆叠模式设计的景观小品草图	

运用多个基本元素上下堆叠模式设计的景观小品场景运用效果展示：

（十）一个基本元素局部挖空模式

一个基本元素局部挖空模式：是指在珙县僰人岩画母体元素库中选取适合的母体元素，随后将母体元素进行数字化轮廓采集，形成基本元素，接着在不改变其基本形态结构，或是绝对保留其主要特征，确保基本元素的标识性不被改变的前提下，将所调取的基本元素的其中一部分挖除，形成孔洞式裂变的模式。

示例 4.17：设施小品之信息设施小品设计（2018 级环境设计专业　吴佳雯设计）

步骤	过程
1.选择母体元素	
2.采集基本元素	
3.裂变出裂变元素	
4.运用一个基本元素局部挖空模式设计的景观小品草图	

运用一个基本元素局部挖空模式设计的景观小品场景运用效果展示：

（十一）一个基本元素挖空模式

一个基本元素挖空模式：是指在珙县僰人岩画母体元素库中选取适合的母体元素，随后将母体元素进行数字化轮廓采集，形成基本元素，接着在不改变其基本形态结构，或是绝对保留其主要特征，确保基本元素的标识性不被改变的前提下，将所调取的基本元素全部挖除至只保留基本元素外形轮廓的模式。

示例 4.18：设施小品之座椅设计（2017 级环境设计专业　程于颖设计）

步骤	过程
1. 选择母体元素	
2. 采集基本元素	
3. 裂变出裂变元素	
4. 运用一个基本元素挖空模式设计的景观小品草图	

运用一个基本元素挖空模式设计的景观小品场景运用效果展示：

（十二）多个基本元素局部挖空模式

多个基本元素局部挖空模式：是指在珙县僰人岩画母体元素库中选取适合的几个母体元素，随后将母体元素进行数字化轮廓采集，形成基本元素，接着在不改变其基本形态结构，或是绝对保留其主要特征，确保基本元素的标识性不被改变的前提下，将所调取的多个基本元素的其中一部分挖除，形成多元素、多孔洞的裂变的模式。

示例 4.19：建筑小品之景观墙设计（2017 级环境设计专业　程于颖设计）

步骤	过程
1. 选择母体元素	
2. 采集基本元素	
3. 裂变出裂变元素	
4. 运用多个基本元素局部挖空模式设计的景观小品草图	

运用多个基本元素局部挖空模式设计的景观小品场景运用效果展示：

（十三）一个基本元素附加模式

一个基本元素附加模式：是指在珙县僰人岩画母体元素库中选取适合的母体元素，随后将母体元素进行数字化轮廓采集，形成基本元素，接着在不改变其基本形态结构的前提下，在基本元素上添加其他设计元素而形成裂变元素的模式。要注意的是，添加的设计元素不能喧宾夺主。

示例 4.20：雕塑小品之装饰性雕塑小品设计（2018 级环境设计专业　刘宇航设计）

步骤	过程
1. 选择母体元素	
2. 采集基本元素	
3. 裂变出裂变元素	
4. 运用一个基本元素附加模式设计的景观小品草图	

运用一个基本元素附加模式设计的景观小品场景运用效果展示：

（十四）一个基本元素整体弯曲模式

一个基本元素整体弯曲模式：是指在珙县僰人岩画母体元素库中选取适合的母体元素，随后将母体元素进行数字化轮廓采集，形成基本元素，接着在绝对保留主要特征，确保基本元素的标识性不被改变的前提下，将所调取的基本元素整体弯曲，形成裂变元素的模式。

示例 4.21：设施小品之座椅设计（2017 级环境设计专业　程于颖设计）

步骤	过程
1. 选择母体元素	
2. 采集基本元素	
3. 裂变出裂变元素	
4. 运用一个基本元素整体弯曲模式设计的景观小品草图	

运用一个基本元素整体弯曲模式设计的景观小品场景运用效果展示：

（十五）一个基本元素局部弯曲模式

一个基本元素局部弯曲模式：是指在珙县僰人岩画母体元素库中选取适合的母体元素，随后将母体元素进行数字化轮廓采集，形成基本元素，接着在绝对保留主要特征，确保基本元素的标识性不被改变的前提下，将所调取的基本元素局部进行弯曲，形成裂变元素的模式。

示例4.22：设施小品之座椅设计（2017级环境设计专业　程于颖设计）

步骤	过程
1.选择母体元素	
2.采集基本元素	
3.裂变出裂变元素	
4.运用一个基本元素局部弯曲模式设计的景观小品草图	

运用一个基本元素局部弯曲模式设计的景观小品场景运用效果展示：

（十六）一个基本元素错位模式

　　一个基本元素错位模式：是指在珙县僰人岩画母体元素库中选取适合的母体元素，随后将母体元素进行数字化轮廓采集，形成基本元素，接着在绝对保留主要特征，确保基本元素的标识性不被改变的前提下，将所调取的基本元素整体或局部进行错位裂变的模式。

　　示例 4.23：植物造景小品之花钵设计（2017 级环境设计专业　程于颖设计）

步骤	过程
1. 选择母体元素	
2. 采集基本元素	
3. 裂变出裂变元素	
4. 运用一个基本元素错位模式设计的景观小品草图	

　　运用一个基本元素错位模式设计的景观小品场景运用效果展示：

（十七）一个基本元素结合模式

一个基本元素结合模式是：是指在珙县僰人岩画母体元素库中选取适合的几个母体元素，随后将母体元素进行数字化轮廓采集，形成基本元素，接着在绝对保留主要特征，确保基本元素的标识性不被改变的前提下，变化这个基本元素的大小，形成两个以上大小不一的基本元素，再把所有大小不一的基本元素进行排列成组合的模式。

示例4.24：雕塑小品之装饰性雕塑小品设计（2015级环境设计专业 张伊倩设计）

步骤	过程
1. 选择母体元素	
2. 采集基本元素	
3. 裂变出裂变元素	
4. 运用一个基本元素结合模式设计的景观小品草图	

运用一个基本元素结合模式设计的景观小品场景运用效果展示：

（十八）一个基本元素与其他元素结合模式

一个基本元素与其他元素结合模式是：是指在珙县僰人岩画母体元素库中选取适合的几个母体元素，随后将母体元素进行数字化轮廓采集，形成基本元素，接着在绝对保留主要特征，确保基本元素的标识性不被改变的前提下，变化这个基本元素的大小，再把基本元素的部分形体与其他元素的部分形体融合成一体后生成裂变元素的模式。

示例 4.25：建筑小品之花架设计（2018 级环境设计专业　肖巧艺设计）

步骤	过程
1. 选择母体元素	
2. 采集基本元素	
3. 裂变出裂变元素	
4. 运用一个基本元素与其他元素结合模式设计的景观小品草图	

运用一个基本元素与其他元素结合模式设计的景观小品场景运用效果展示：

（十九）多个基本元素结合模式

多个基本元素结合模式：是指在珙县僰人岩画母体元素库中选取适合的几个母体元素，随后将母体元素进行数字化轮廓采集，形成基本元素，接着在绝对保留主要特征，确保基本元素的标识性不被改变的前提下，变化这些基本元素的大小，再把这些基本元素的部分形体相互融合生成裂变元素的模式。

示例 4.26：设施小品之座椅设计（2018 级环境设计专业　单云龙设计）

步骤	过程
1. 选择母体元素	
2. 采集基本元素	
3. 裂变出裂变元素	
4. 运用多个基本元素结合模式设计的景观小品草图	

运用多个基本元素结合模式设计的景观小品场景运用效果展示：

（二十）一个基本元素横向拔高模式

一个基本元素横向拔高模式：是指在珙县僰人岩画母体元素库中选取适合的母体元素，随后将母体元素进行数字化轮廓采集，形成基本元素，接着在绝对保留主要特征，确保基本元素的标识性不被改变的前提下，将所调取的基本元素从横向进行拔高，使基本元素形体变厚，甚至变成块体后生成裂变元素的模式。

示例 4.27：设施小品之座椅设计（2018 级环境设计专业　陈晴设计）

步骤	过程
1. 选择母体元素	
2. 采集基本元素	
3. 裂变出裂变元素	
4. 运用一个基本元素横向拔高模式设计的景观小品草图	

运用一个基本元素横向拔高模式设计的景观小品场景运用效果展示：

（二十一）一个基本元素竖向拔高模式

一个基本元素竖向拔高模式：是指在珙县僰人岩画母体元素库中选取适合的母体元素，随后将母体元素进行数字化轮廓采集，形成基本元素，接着在绝对保留主要特征，确保基本元素的标识性不被改变的前提下，将所调取的基本元素从竖向进行拔高，使基本元素形体变厚，甚至变成块体后生成裂变元素的模式。

示例 4.28：植物造景小品之花坛设计（2018 级环境设计专业　王宁哲设计）

步骤	过程
1. 选择母体元素	
2. 采集基本元素	
3. 裂变出裂变元素	
4. 运用一个基本元素竖向拔高模式设计的景观小品草图	

运用一个基本元素竖向拔高模式设计的景观小品场景运用效果展示：

（二十二）隐藏模式

隐藏模式：是指在珙县僰人岩画母体元素库中选取适合的母体元素，随后将母体元素进行数字化轮廓采集，形成基本元素，接着在不改变其基本形态结构，或是绝对保留其主要特征，确保基本元素的标识性不被改变的前提下，将所调取的基本元素进行部分隐藏，从而形成裂变元素的模式。

示例 4.29：设施小品之座椅设计（2018 级环境设计专业　苏爱淋设计）

步骤	过程
1.选择母体元素	
2.采集基本元素	
3.裂变出裂变元素	
4.运用隐藏模式设计的景观小品草图	

运用隐藏模式设计的景观小品场景运用效果展示：

（二十三）替换模式

替换模式：是指在珙县僰人岩画母体元素库中选取适合的母体元素，随后将母体元素进行数字化轮廓采集，形成基本元素，接着在不改变其基本形态结构，或是绝对保留其主要特征，确保基本元素的标识性不被改变的前提下，将所调取的基本元素部分替换为其他设计元素，从而形成裂变元素的模式。

示例 4.30：设施小品之信息设施小品设计（2018 级环境设计专业　刘航设计）

步骤	过程
1. 选择母体元素	
2. 采集基本元素	
3. 裂变出裂变元素	
4. 运用替换模式设计的景观小品草图	

运用替换模式设计的景观小品场景运用效果展示：

文化是人类社会物质财富和精神财富的总和、社会意识形态的体现，是思维方式、行为方式的总括。景观小品作为景观元素，是现代城市文化特色和个性的重要载体，其丰富的文化内涵能提高景观的观赏价值和品位。因此，景观小品的创作过程不仅是对功能形式的反复揣摩，也是对文化内涵的不断提炼、升华的过程。文化内涵一方面可以通过地域特色来体现，即尊重不同地域千差万别的自然环境、历史因素、社会风尚、审美情趣、民俗传统，满足文化背景的认同，创造出与当地自然历史人文景观相协调，真正适合当地的景观小品。另一方面，文化内涵还体现在时代特色上，即景观小品设计还要承担时代赋予的责任，理解时代精神、价值观、审美观，积极运用现代技术、材料、工艺、手法，创造出反映时代精神风貌的作品，使景观小品不仅功能合理、形式美观，还能因独特的文化内涵使人动容。独立于环境之外的景观小品是不存在的。景观小品是室内外环境的组成部分、点睛之笔，但归根结底，其服务对象是作为环境主体的人。人的行为、习惯、性格、爱好决定了人对环境的改造方向。因此，环境小品设计须以人为本，无论是设计以实用功能为主的小品，还是设计以观赏价值为主的小品，都要认真研究人的身心特点，充分满足人的多重需求。人性化设计体现出对人的尊重与关怀，是时代的趋势，是一种人文精神的集中体现。

五、综合运用模式

设计，是"把一种设想通过合理的规划、周密的计划，再通过各种方式表达出来的过程"。这个过程能不能推进，关键看能否将构思用方案形式加以呈现。方案设计就是从构思到创意呈现的艰苦历程，它需要假拟空间环境，在人体工程学、环境心理学基础上组织和编排构成景观小品的造型、色彩、材质、尺度、光影、肌理等，再遵循形式美法则让景观小品既多样又统一、既对称又均衡、既整齐又参差、既有节奏又有韵律地协调展现。景观小品方案设计要求设计师运用专业知识将构思设计的"设计意念"转化为方案形式设计的"设计语言"。而这个过程的推进，往往需要珙县僰人岩画图形再造的两种或多种运用模式的组合运用，如此才能实现从环境到尺度、从类型到工艺、从色彩到材料、从线条到轮廓、从造型到内涵的综合展现。这就是综合运用模式。以下的十二个景观小品设计方案，就是综合运用模式的典型案例。

（一）雕塑小品《舞》

本作品是 2017 级环境设计专业景观小品设计课程的课堂教学成果，由朱忆萍设计。

1. 设计构思

舞蹈是一种表演艺术，使用身体来完成各种优雅或高难度的动作。中国舞蹈发展到秦汉之际已形成一定特色。根据相关文献记载和珙县僰人岩画造型特征分析，僰也是一个能歌善舞的民族。本方案以"能歌善舞"为立意点，在众多珙县僰人岩画图形中选择姿态活跃的人物类岩画图形为母体元素进行设计。设计中，在确保所调取基本元素的主要特征、标识性不被改变的前提下，依次使用切分、堆叠、隐藏、挖空、拉伸、结合的裂变模式将基本元素的动作幅度加大，夸张其姿势，使裂变元素的动态达到一个最佳状态，从而给受众带来极强的视觉冲击力。设计方案借鉴舞蹈动作的柔美、神韵，将两个裂变元素结合堆叠以充分展现古代僰人舞蹈的场景，或是现代人们在茶余饭后放松娱乐的生活场景，又或是人们向往的生活场景。材质上则采用不锈钢，保留其原色，极具光泽感，使整个装饰性雕塑小品变得更为柔美，动态形式美感十足。设计作品可以放置于广场等硬质地面或软质草地上供受众观赏。

2. 再造过程

（1）选择母体元素

（2）采集基本元素

（3）草案推敲

	构思分析	设计草图
一稿	注重作品的稳定性，但没有明确抓住基本元素的标志性特征，使作品造型较为烦琐	

构思分析	设计草图
二稿	重新选取珙县僰人岩画中的人物图形为基本元素。设计灵感来源于僰族是一个能歌善舞的民族，因而设计以"能歌善舞"为立意点，在众多珙县僰人岩画图形中选择姿态活跃的岩画作为方案设计的基本元素，在保留基本元素特征的同时，借用切分、堆叠、隐藏、挖空、拉伸、结合的裂变模式将基本元素的动作幅度加大，得到需要的裂变元素	
三稿	在二稿的基础上对整个形体进行适度夸张，加大僰人舞蹈时的动作幅度，增强韵律，同时让标志性特征更为明显，使裂变元素的动态达到一个最佳状态，从而给受众带来极强的视觉冲击	

（4）选择再造模式

切分裂变模式、拉伸裂变模式、挖空裂变模式、隐藏裂变模式、堆叠裂变模式。

（5）运用再造模式，获得裂变元素

第一步，运用切分裂变模式	
第二步，运用拉伸裂变模式	
第三步，运用挖空裂变模式	
第四步，运用隐藏裂变模式	
第五步，运用堆叠裂变模式	

（6）设计尺寸

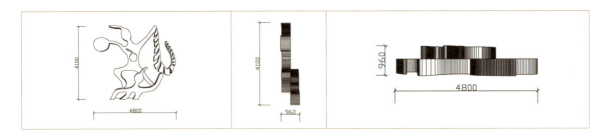

（7）设计效果展示

（8）场景应用效果展示

（二）雕塑小品《生命的律动》

本作品是 2018 级环境设计专业景观小品设计课程的课堂教学成果，由李娅南设计。

1.设计构思

在文明的早期，人们便开始探讨世界各种事物的组成或者分类，水在其中扮演了重要角色，"天下之至柔，驰骋天下之至坚"。水是有耐性的，慢慢去侵蚀坚硬的物体；水是有弹性的，可以随容器的改变而改变；水是清澈的，能够映照万物；水，无形却无不形，随圆而圆，随方而方，甘心停留于最低洼和最脏处，安于卑下，不与万物相争，却默默滋养万物。以水为镜，在生活中我们也应该柔而有骨，信念坚定、追求不懈、不骄不躁。本作品首先选取适合的僰人岩画人物类图形为母体元素进行设计。设计中，在确保所调取基本元素的主要特征、标识性不被改变的前提下，依次使用拉伸、弯曲、堆叠、结合的裂变模式进行方案推敲，大胆创新，得到新颖且多样的裂变元素。作品围绕律动的水滴造型进行设计，透过水滴舞动出生命的灵动，展现出生命的美好。

2. 再造过程

（1）选择母体元素

（2）采集基本元素

（3）草案推敲

	构思分析	设计草图
一稿	裂变元素的组合关系表达僵硬，裂变模式运用不熟练，裂变出的元素不具有视觉美感，同时也不能满足设计构思的要求	
二稿	从设计构思出发，锁定弹跳水滴的造型，再依次运用拉伸、弯曲、堆叠、结合等不同的裂变模式，创作出众多的具有弹跳感的裂变元素，再将这些裂变元素按照弹跳水滴的造型进行组合	
三稿	对作品的组合关系进行调整，让作品呈现更佳的视觉层次美	

（4）选择再造模式

拉伸裂变模式、弯曲裂变模式、堆叠裂变模式、结合裂变模式。

（5）运用再造模式，获得裂变元素

第一步，运用拉伸裂变模式	
第二步，运用弯曲裂变模式	
第三步，运用堆叠裂变模式	
第四步，运用结合裂变模式	

（6）设计尺寸

（7）设计效果展示

 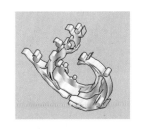 

（8）场景应用效果展示

（三）设施小品《小憩》

本作品是 2018 级环境设计专业景观小品设计课程的课堂教学成果，由苏爱淋设计。

1. 设计构思

《诗经》有云"其桐其椅"，"椅"即"梓"，是一种树木的名称。据考证，"椅子"一词始见于唐代，而椅子的形制则可上溯到汉魏时传入的胡床。胡床因其形态特点又有"交床"和"绳床"之称。这个设计方案注重保留僰人岩画基本元素的标识性，用曲线造型，材料只采用原木和石料。设计中将僰人岩画基本元素多次进行裂变，最终形成一个拥抱式的座椅。座椅充满个性，独特且承重，既充满现代气息，又有古雅的韵律之美，是休闲场所理想的休息类景观设施小品。作品首先选取适合的僰人岩画人物类图形为母体元素进行方案设计。在确保所调取基本元素的主要特征、标识性不被改变的前提下，依次使用切分、拉伸、弯曲、结合的裂变模式进行方案推敲，大胆创新，得到新颖且多样的裂变元素。作品用切分裂变模式将僰人岩画的基本元素横向分离为两部分；继而用拉伸裂变模式将分离的两部分局部拉长，特别是将元素的手臂拉伸并弯曲形成座椅靠背，将元素的腿部拉伸并弯曲作为座椅的凳柱，起到支撑和巩固座具的效果；最后用结合裂变模式组合裂变元素。

2. 再造过程

（1）选择母体元素

（2）采集基本元素

（3）草案推敲

	构思分析	设计草图
一稿	先将僰人岩画图形的基本元素进行竖向弯曲，使其具备座椅的形态；接着用排列模式增强座椅的稳定性和美感；但造型过于僵硬	
二稿	加大基本元素竖向弯曲的幅度，同时注意排列的关系，并且附加了完整的座面；但整体造型过于呆板	
三稿	在二稿的基础上调整凳面，使凳面更具装饰性；但最终效果不够精练，后期不易维护	
四稿	再次运用弯曲裂变模式调整裂变元素，让座椅整体形态更加柔美，增强座椅不同视角美感；并考虑了座椅的材质，与石凳面结合形成座椅的座面；同时更加注意保存基本元素的标识性	

（4）选择再造模式

切分裂变模式、拉伸裂变模式、弯曲裂变模式、结合裂变模式。

（5）运用再造模式，获得裂变元素

第一步，运用切分裂变模式	
第二步，运用拉伸裂变模式	

第三步，运用弯曲裂变模式	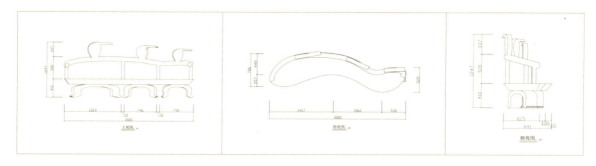
第四步，运用结合裂变模式	

（6）设计尺寸

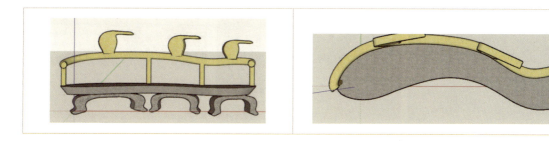

（7）设计效果展示

  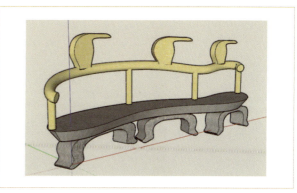

（8）场景应用效果展示

（四）设施小品《光中僰趣》

本作品是 2018 级环境设计专业景观小品设计课程的课堂教学成果，由胡骏立设计。

1. 设计构思

在遥远的僰国，黑暗中有一片火光，那火一蹿一跳地闪着光，撕破无边的夜幕，时而像是一只凤凰冲破云霄，时而像是一层火红的薄雾四散开来，时而如同夕阳照向大地的最后一缕光，久久凝结在空中……明亮的火光，散射出无尽的活力，也散发出来自僰人之手的光芒。本作品选用僰人岩画中舞蹈形象的人物类图形为母体元素进行设计。在确保所调取基本元素的主要特征、标识性不被改变的前提下，依次使用拉伸、弯曲、排列、结合模式进行方案推敲，大胆创新，得到新颖且多样的裂变元素。作品构思灵感来源于僰人生活于以火照明的时代。所选的僰人岩画图案重心稳定，且上肢上扬，恰似高举火把照明的形象。为使照明高度达到要求，借用拉伸裂变模式增加元素高度。再选择僰人岩画中的球状符号图案，将符号图案进行排列裂变，形成既具装饰性又有良好透光效果的灯罩，最终形成造型独特的照明设施小品。

2. 再造过程

（1）选择母体元素

（2）采集基本元素

（3）草案推敲

构思分析	设计草图
一稿　将选取的基本元素进行拉伸裂变，把拉伸后的人物图形和符号图形的基本元素进行排列和组合，形成照明范围大的设计方案；但草案造型设计较为烦琐，不能干净利落地展现设计主题	

	构思分析	设计草图
二稿	改变一稿中的下大上小的稳定造型。对整个人物图形在拉伸的基础上继续采用弯曲的裂变模式，使造型更加柔美；同时尝试上大下小的动感造型，简化图形排列语言，突出光源部分，让受众印象深刻	

（4）选择再造模式

拉伸裂变模式、弯曲裂变模式、排列裂变模式、结合裂变模式。

（5）运用再造模式，获得裂变元素

第一步，运用拉伸裂变模式	
第二步，运用弯曲裂变模式	
第三步，运用排列裂变模式	
第四步，运用结合裂变模式	

（6）设计尺寸

（7）设计效果展示

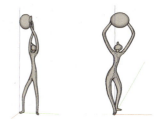

（8）场景应用效果展示

（五）设施小品《僰栏》

本作品是 2018 级环境设计专业景观小品设计课程的课堂教学成果，由李娅南设计。

1.设计构思

"栏杆"，原是指用木料搭建起来的遮挡物，后来发展到用石、砖、琉璃等不同材料。栏杆早在周代时即有设置，这在周代留存的明器纹饰中可以看到。到了汉代，栏杆的运用已经较为普遍了，出现了寻杖、华板、望柱、地栿等栏杆构件。南北朝时期，栏杆已基本具备后世所见的形制。其后，经过不断的发展丰富，到明清时期，栏杆在装饰上越发繁复多样。栏杆除了可以按材料来分其种类外，根据构造的不同又可以细分为寻杖栏杆、花栏杆等。栏杆是中国古建筑外檐装修的一个重要类别，在建筑的台基、走廊处和水池边经常可以看到。栏杆对于讲究布景、造景的园林更是不可缺少。栏杆最初是作为遮挡物，后来渐渐发展变化，式样丰富、雕刻精美，成了重要的装饰设置；而在园林中，栏杆则又起到隔景与连景的作用，功能似漏窗，形象类花墙。《僰栏》作品首先选取适合的僰人岩画人物类图形为母体元素进行设计。在确保所调取基本元素的主要特征、标识性不被改变的前提下，依次使用拉伸、弯曲、结合的裂变模式进行方案推敲，大胆创新，得到新颖且多样的裂变元素。此设计作品生动、流畅，极具故事情节和生活色彩，适用领域宽广。

2.再造过程

（1）选择母体元素

（2）采集基本元素

（3）草案推敲

	构思分析	设计草图
一稿	用重复方式将僰人岩画图形元素进行组合，主题特征明显；但组合元素过于尖锐，缺乏安全感，有安全隐患，且形态过于琐碎，元素与元素之间缺少互动性，不具有视觉美感	
二稿	用高低不同的人物组合，同时与弯曲的栏杆相结合，主题性明显，具有一定视觉美感；但依次罗列的方式使节奏感显得平淡，同时栏杆的栏距考虑不到位	
三稿	主题鲜明，具有一定视觉美感，主题元素变化出现，具有很好的节奏韵律，符合栏杆制作要求	

（4）选择再造模式

拉伸裂变模式、弯曲裂变模式、结合裂变模式。

（5）运用再造模式，获得裂变元素

第一步，运用拉伸裂变模式	
第二步，运用弯曲裂变模式	

第三步，运用结合裂变模式	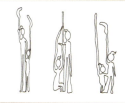

（6）设计尺寸

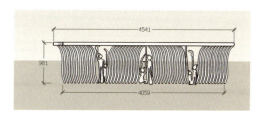

（7）设计效果展示

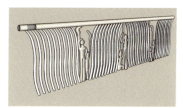

（8）场景应用效果展示

（六）设施小品《林荫之下》

本作品是2018级环境设计专业乡村风貌设计课程的课堂教学成果，由陈月设计。

1.设计构思

树池不仅具有保护绿植的功能，还在美化环境、引导视线、组织交通、围合分割空间、构成空间序列、发挥防护功能、提供休息场所等方面起着重要作用。设计时应结合周围环境特点与空间需求确定设计的形式、尺寸、材质、色彩。《林荫之下》首先选取适合的僰人岩画人物类图形为母体元素进行设计。在确保所调取基本元素的主要特征、标识性不被改变的前提下，依次使用弯曲、拉伸、结合、拔高的裂变模式进行方案推敲，大胆创新，得到新颖且多样的裂变元素。方案造型简洁大方，功能上符合需求，并选用木、石等材质达到舒适实用的效果，实现了功能性和装饰性的统一、自然环境和人工环境的呼应，在保证树池使用功能的前提下，软硬结合，最大限度发挥树池的生态效益。

2.再造过程

（1）选择母体元素

（2）采集基本元素

（3）草案推敲

	构思分析	设计草图
一稿	通过拉伸、弯曲模式将僰人岩画人物图形元素手部拉伸连接，营造环抱、倚靠的氛围，腿部变形为坐凳；不仅能够提供休憩空间，还能起到装饰空间环境的作用，但总体结构还不明晰	
二稿	加大座椅靠背的倾斜度，提高使用舒适度	

（4）选择再造模式

弯曲裂变模式、拉伸裂变模式、结合裂变模式、拔高裂变模式。

（5）运用再造模式，获得裂变元素

第一步，运用弯曲裂变模式	
第二步，运用拉伸裂变模式	
第三步，运用结合裂变模式	
第四步，运用拔高裂变模式	

（6）设计尺寸

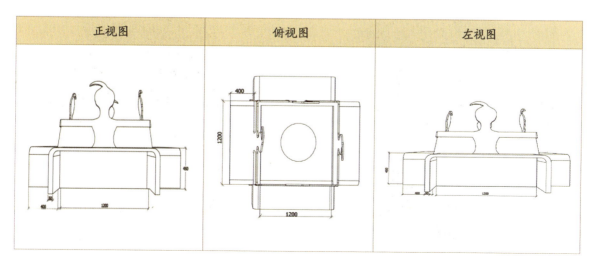

正视图	俯视图	左视图

（7）设计效果展示

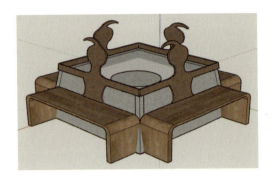

（8）场景应用效果展示

（七）设施小品《相护》

本作品是 2018 级环境设计专业景观小品设计课程的课堂教学成果，由罗鑫设计。

1.设计构思

随着城市建设进入侧重存量发展、内涵式提升的转型阶段，城市街区迫切需要存量更新、动能转换和价值再造。景观小品设计中的树池箅也能积极响应价值再创造的理念。树池箅具有利于树木生长，保持树木根部土质疏松，促进水分等营养物质吸收，减少水土流失，便于人工浇灌，节约水资源，降低树木保养费用和美化环境的作用。本方案延文脉、显文化、塑空间、优环境、提质量，立足于当地文化特色，根据树池箅的作用与结构，将僰人岩画图形中的基本元素运用其中。《相护》首先选取适合的僰人岩画动物类和符号类图形为母体元素进行设计。在确保所调取基本元素的主要特征、标识性不被改变的前提下，依次使用组合、排列、全镂空的裂变模式进行方案推敲，大胆创新，得到新颖且多样的裂变元素。最终，让树池箅设计既有创造性，又有趣味性，同时还能抑制尘土飞扬，促进树木生长，保证行人安全，兼顾了观赏性、实用性与文化内涵，向大众展现宜宾僰人文化，促进文化传播、传递与交流。

2.再造过程

（1）选择母体元素

（2）采集基本元素

（3）草案推敲

	构思分析	设计草图
一稿	结合树池箅的功能，选择僰人岩画图形当中的动物类母体元素进行渐变排列；但造型未达到保护树木的设计目的	

构思分析		设计草图
二稿	结合树池形状，将一稿当中的图形再次组合排列，并结合僰人岩画图形当中的其他符号元素稳固树池算的造型，提升使用效果；但舒适度还有所欠缺	
三稿	在二稿的基础上扩大种植树木所占的空间比例，缩小僰人岩画图形基本元素的体量，在提高行走舒适度的同时，能让装饰图案更加严谨、美观	

（4）选择再造模式

组合模式、排列裂变模式、全镂空模式。

（5）运用再造模式，获得裂变元素

第一步，运用组合模式	
第二步，运用排列裂变模式	
第三步，运用全镂空模式	

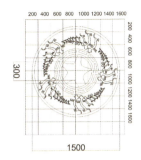

（6）设计尺寸

（7）设计效果展示

（8）场景应用效果展示

（八）设施小品《去哪儿》

本作品是 2018 级环境设计专业乡村风貌设计课程的课堂教学成果，由胡骏立设计。

1. 设计构思

设施小品中的信息设施小品是一种用形态与颜色将具有某种意义的内容表达出来的造型活动，一般由文字、标记、符号等要素构成。它以认同为基本标准，是一种信息传达媒介，通过视觉来表现它的作用，具有标记、警示、广告的作用，对提高城市公共空间环境的质量有很重要的意义。《去哪儿》首先选取适合的僰人岩画人物类图形为母体元素进行方案设计。在确保所调取基本元素的主要特征、标识性不被改变的前提下，依次使用切分、拉伸、附加、拔高的裂变模式进行方案推敲，大胆创新，得到新颖且多样的裂变元素，最终设计出以僰人文化为主题的环境标识，达到美化环境、宣传宜宾地方文化的目的。

2. 再造过程

（1）选择母体元素

（2）采集基本元素

（3）草案推敲

	构思分析	设计草图
一稿	一稿运用多种僰人岩画元素进行组合设计。环境标识最重要的便是指示与标识性，所以采取以人物和马的元素为主，其他图形元素为辅的设计，通过高度的改变来增添趣味性；但标识性不强	

	构思分析	设计草图
二稿	二稿在一稿基础上增添了告示牌以及休息区；但因对称性以及前后设计空间的局限，使标识信息不够突出	
三稿	三稿将一稿和二稿进行整合，强化指示元素，弱化其他图形元素，使设计不仅有了主体，同时元素之间也有了微妙的联系，主次清晰；但层次上显得有些零乱	
四稿	调整所有组合元素的形态尺寸，在突出主体的同时又具有视觉层次	

（4）选择再造模式

切分裂变模式、拉伸裂变模式、附加裂变模式、拔高裂变模式。

（5）运用再造模式，获得裂变元素

第一步，运用切分裂变模式	
第二步，运用拉伸裂变模式	
第三步，运用附加裂变模式	

第四步，运用拔高裂变模式	

（6）设计效果展示

（7）场景应用效果展示

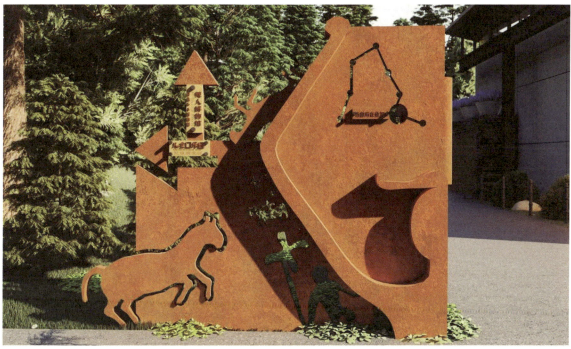

（九）设施小品《一隅之趣》

本作品是 2018 级环境设计专业乡村风貌设计课程的课堂教学成果，由古霞设计。

1. 设计构思

在景观设计过程中，每种元素都被有目的地摆放，形成视觉焦点、节奏韵律等，在景观空间中形成无形的纽带，引导人们由一个空间进入另一个空间，起着导向和组织空间的积极作用。《一隅之趣》首先选取适合的僰人岩画人物类图形为母体元素进行设计。在确保所调取基本元素的主要特征、标识性不被改变的前提下，使用拉伸的裂变模式进行设计，把基本元素部分拉伸裂变，使得整个基本元素一侧保持原有形态、比例，而另一侧则充分塑造强烈的力量和方向感。作品既具备点缀空间、引导空间和组织空间的作用，又让两种力量元素激烈碰撞，产生刺激眼球和思维的造型，从而刺激受众对小品产生疑问，进而普及地域文化。

2. 再造过程

（1）选择母体元素

（2）采集基本元素

（3）草案推敲

	构思分析	设计草图
一稿	方案构思源于僰人岩画图形基本元素的形态，像是快乐无比的孩子正在手舞足蹈。呈现一个孩子顽皮地藏在墙角给其他孩子指路的场景。但裂变元素过于琐碎且体量过大，产生压抑感，削弱了指引空间的作用	

构思分析	设计草图
二稿 将僰人岩画图形基本元素的形态完全暴露，用拉伸的裂变模式增强僰人岩画图形的动感，左右两侧不同的处理方式会让视觉瞬间产生移动感，从而达到指引空间的目的	

（4）选择再造模式

拉伸裂变模式。

（5）运用再造模式，获得裂变元素

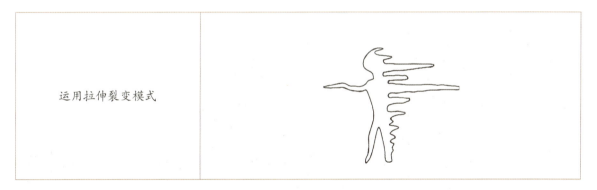

（6）设计尺寸

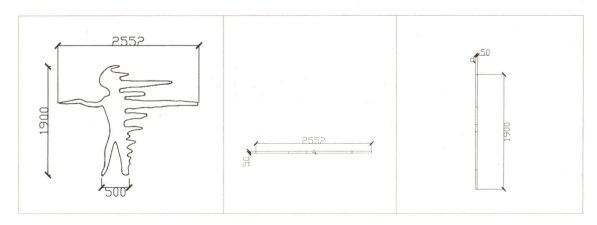

（7）设计效果展示

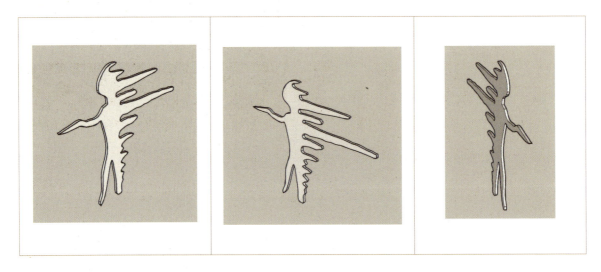

（8）场景应用效果展示

（十）设施小品《一起来吧》

本作品是 2017 级环境设计专业城市微观环境设计课程的课堂教学成果，由单云龙设计。

1.设计构思

作品将不同造型的僰人岩画人物图形组合在船型的造型空间里，像是一群僰人满怀快乐和热情破浪驶来，他们快乐的歌声、独特的舞步带着我们畅想他们的生活、他们的习俗和他们的故事。《一起来吧》首先选取适合的僰人岩画人物类图形和动物类岩画图形为母体元素进行设计。在确保所调取基本元素的主要特征、标识性不被改变的前提下，使用结合裂变模式进行方案设计。设计时注重基本元素之间大小和疏密的搭配，目的是产生恬静、有意趣的裂变元素，为受众提供一个可赏景、可休憩、可交谈、可工作的空间，并在这个基础上传播地方文化，让人们了解僰人、走近僰人。设计将两根钢管变形弯曲，形成一个具有放松、依靠功能的座椅，座面凹陷 30mm，能够使人更加放松，靠背后面则放置拓展出来的僰人岩画的裂变元素，让受众畅想僰人生活的时代，从而走进历史。

2. 再造过程

（1）选择母体元素

（2）采集基本元素

（3）草案推敲

	构思分析	设计草图
一稿	从座椅固有的造型出发，只是加大了座椅的尺度，将选取的僰人岩画图形基本元素直接运用到座椅的靠背上；基本元素运用缺乏节奏美感，座椅造型也缺乏创意	
二稿	通过加大座椅靠背，强化僰人岩画图形的基本元素形式，以突出主题；但没有组织好元素，缺乏主次关系，没有视觉焦点，造型过于厚重	
三稿	在二稿的基础上改进靠背和座面的材料及组合形式，采用变形钢管作为座椅的靠背和座面，把僰人岩画图形基本元素立体化，并进行场景化组合，新颖的造型使得座椅具有强烈的趣味性	

（4）选择再造模式

组合模式。

（5）运用再造模式，获得裂变元素

直接运用组合模式	

（6）设计尺寸

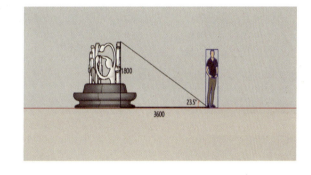

（7）设计效果展示

（8）场景应用效果展示

（十一）植物造景小品《舞》

本作品是 2017 级环境设计专业城市微观环境设计课程的课堂教学成果，由卿三润设计。

1. 设计构思

舞蹈是人类最古老的艺术形式之一。上古时代，它就充当先民交流思想和感情的工具。舞蹈的动作和节奏与劳动密切相关。不管是哪一种劳动，人的手脚总是要活动的，手用以拍打，脚用以踩踏，在某种动作连续重复过程中，就产生有规律的节奏，再伴以呼喊或打击石块和木棍，最原始的舞蹈就出现了。在原始部落里，人们在组织松散和生活不安定的状况下，需要一种社会力量使他们团结在一起，舞蹈就是产生这种力量的重要手段。《舞》首先选取适合的僰人岩画人物类图形为母体元素进行设计。在确保所调取基本元素的主要特征、标识性不被改变的前提下，依次使用切分、结合、弯曲、堆叠裂变模式进行方案推敲。构思灵感来源于僰族是一个能歌善舞的民族，使用裂变元素的夸张形态，把僰人的舞蹈动作展现得更具视觉冲击力。

2. 再造过程

（1）选择母体元素

（2）采集基本元素

（3）草案推敲

	构思分析	设计草图
一稿	直接将僰人岩画图形的母体元素附着在容器表面，显得很生硬；同时因基本元素单一而不能展示舞蹈的主题。容器本身形态单一，没有组合关系，会使植物造景层次不足而缺乏美感	

	构思分析	设计草图
二稿	将一连串的舞蹈动作进行分解后依次罗列在容器之上，不仅增加了灵动感，还能充分表达设计意图。容器呈现高低错落的组合形态，使舞蹈场景相互映衬，从而突出主题	

（4）选择再造模式

切分裂变模式、组合模式、弯曲裂变模式、堆叠裂变模式。

（5）运用再造模式，获得裂变元素

第一步，运用切分裂变模式	
第二步，运用组合模式	
第三步，运用弯曲、堆叠裂变模式	

（6）设计尺寸

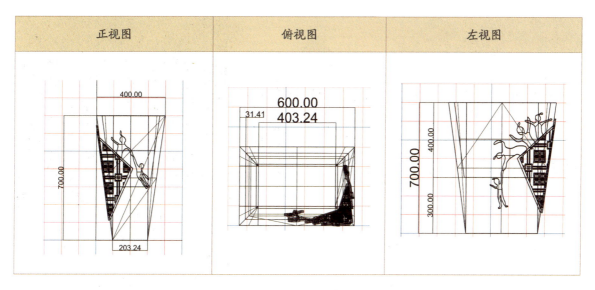

正视图	俯视图	左视图

（7）设计效果展示

珙县僰人岩画图形研究

（8）场景应用效果展示

（十二）设施小品《僰聚》

本作品是 2018 级环境设计专业城市微观环境设计课程的课堂教学成果，由袁锦江设计。

1.设计构思

随着城市公共空间的不断拓展，城市中的公共座椅也与日俱增。公共座椅作为城市环境重要组成部分，在保证基本的休息功能的同时，其设计还要求能够体现出地方特色。《僰聚》首先选取适合的僰人岩画人物类图形为母体元素进行设计。在确保所调取基本元素的主要特征、标识性不被改变的前提下，依次使用切分、挖空、拉伸、拔高的裂变模式进行方案推敲，形成巨大的休闲座椅，远远看去立起来的图案好似僰人在和你打招呼表示欢迎。整个休闲座椅采用防腐木制作，触感好、材料加工性强，能给人以舒适感。

2.再造过程

（1）选择母体元素

（2）采集基本元素

（3）草案推敲

	构思分析	设计草图
一稿	方案中僰人岩画图形的基本元素添加得过于牵强，元素利用过于简单，不能突出僰人岩画的特色，且座椅的实用性不强	

构思分析	设计草图
二稿	要让座椅在城市公共空间中独树一帜，就必须让座椅的形态出其不意，将僰人岩画图形母体元素进行大胆切分后再横向、竖向拉伸，夸张的比例不仅能满足使用需求，还能够统领空间，成为主角	

（4）选择再造模式

切分裂变模式、挖空裂变模式、拉伸裂变模式、拔高裂变模式。

（5）运用再造模式，获得裂变元素。

第一步，运用切分裂变模式	
第二步，运用挖空裂变模式	
第三步，运用拉伸裂变模式	
第四步，运用拔高裂变模式	

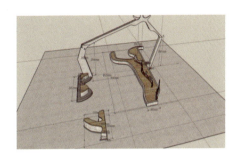

（6）设计尺寸及设计效果展示

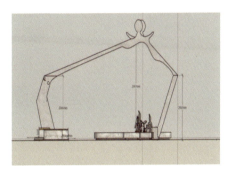

（7）场景应用效果展示

珙县僰人岩画图形研究成果转化

本章所展示的内容，是以前期研究成果为基础，在景观设计、室内设计和文化产品创意设计中运用珙县僰人岩画图形再造的十七类三十种设计模式转化出的景观小品设计、文创产品设计和室内陈设设计。这些成果也均在大学生创新与创业孵化园实践项目、全国大学生创新创业实践项目、全国大学生电子商务"创新、创意及创业"挑战赛等平台获得展示。

一、景观小品设计

团队运用珙县僰人岩画图形再造模式进行景观小品设计时，立足现实生活，注重展现景观小品自身的直观和可塑性，以灵活多变的元素为受众提供独具特色的景观体验。（图5.1—图5.91）

图5.1　建筑小品《遥想当年》　2018级环境设计专业王诗雨设计

图5.2　设施小品《不期而遇》　2018级环境设计专业蔡海巍设计

图5.3　设施小品《一幕春风》　2018级环境设计专业谢航设计

图5.4　雕塑小品《一起遇见》　2018级环境设计专业徐勤设计

图5.5　设施小品《一直等你》　2018级环境设计专业徐勤设计

图5.6　设施小品《一路向前》　2018级环境设计专业赵越设计

图5.7　雕塑小品《迎风踏月》　2018级环境设计专业林雍昊设计

图5.8　设施小品《守望》　2018级环境设计专业 胡泷玥设计

图5.9　设施小品《遇见萤火虫》　2018级环境设计专业 张燕玲设计

图5.10　雕塑小品《迎光出发》　2018级环境设计专业王宁哲设计

图5.11　雕塑小品《时空之镜》　2018级环境设计专业张耘荣设计

图5.12 雕塑小品《影子》 2018级环境设计专业付泷设计

图5.13 设施小品《新意》 2018级环境设计专业叶路露设计

图5.14　设施小品《我等你》　2018级环境设计专业代江华设计

图5.15　建筑小品《光影之间》　2018级环境设计专业李斯楠设计

图5.16 雕塑小品《童年》 2018级环境设计专业吴梦瑶设计

图5.17 植物造景小品《有色阳光》 2018级环境设计专业赵雨欣设计

图5.18　植物造景小品《攀缘》　2017级环境设计专业程于颖设计

图5.19　建筑小品《仰望星空》　2018级环境设计专业王诗雨设计

图5.20　建筑小品《滴答滴答》　2018级环境设计专业张耘荣设计

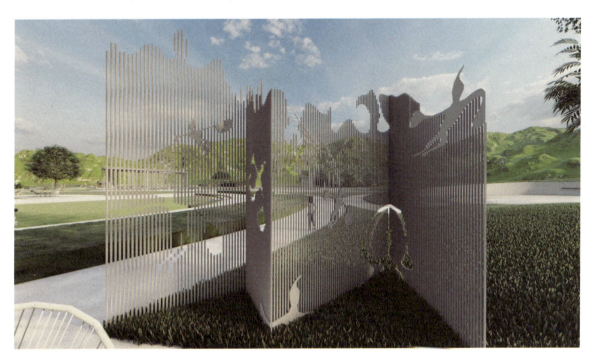

图5.21　建筑小品《古今一隅》　2018级环境设计专业陈美岑设计

图5.22　植物造景小品《仰望天空》　2018级环境设计专业蔡海魏设计

图5.23　建筑小品《舞动光影》　2018级环境设计专业谢航设计

图5.24　建筑小品《童年意趣》　2018级环境设计专业赵越设计

图5.25　建筑小品《僰望》　2018级环境设计专业叶路露设计

图5.26　建筑小品《一园春色》　2018级环境设计专业林雍昊设计

图5.27　建筑小品《足迹》　2018级环境设计专业胡泷玥设计

图5.28　设施小品《等你归来》　2018级环境设计专业付泷设计

图5.29　设施小品《一起守望》　2017级环境设计专业程于颖设计

图5.30　设施小品《那年午后》　2018级环境设计专业王宁哲设计

图5.31　设施小品《僰印》　2017级环境设计专业程于颖设计

图5.32 设施小品《星星之火》 2018级环境设计专业徐勤设计

图5.33 设施小品《呵护》 2018级环境设计专业何博设计

图5.34　设施小品《白月光》　2017级环境设计专业程于颖设计

图5.35　设施小品《一路有你》　2017级环境设计专业程于颖设计

图5.36　设施小品《三五成群》　2018级环境设计专业廖佳设计

图5.37　设施小品《好朋友》　2018级环境设计专业李斯楠设计

图5.38 设施小品《上下左右》 2018级环境设计专业古霞设计

图5.39 设施小品《转角遇见》 2018级环境设计专业袁锦江设计

图5.40　设施小品《向左看》　2018级环境设计专业谢航设计

图5.41　设施小品《你看我》　2018级环境设计专业赵越设计

图5.42 设施小品《倚靠》 2017级环境设计专业程于颖设计

图5.43 设施小品《一路相伴》 2018级环境设计专业唐江浩设计

图5.44　设施小品《在你左右》　2018级环境设计专业傅莹设计

图5.45　设施小品《老地方》　2018级环境设计专业徐勤设计

图5.46　设施小品《慢三秒》　2018级环境设计专业陈美岑设计

图5.47　设施小品《三视图》　2017级环境设计专业程于颖设计

图5.48　设施小品《零距离》　2018级环境设计专业陈美岑设计

图5.49　雕塑小品《一心一意》　2018级环境设计专业唐江浩设计

图5.50　设施小品《神秘礼物》　2018级环境设计专业赵越设计

图5.51　雕塑小品《一起出发》　2018级环境设计专业毛欣怡设计

图5.52 雕塑小品《意想不到》 2018级环境设计专业廖维燕设计

图5.53 雕塑小品《朋友》 2018级环境设计专业张燕玲设计

图5.54　设施小品《沐浴阳光》　2018级环境设计专业张耘荣设计

图5.55　植物造景小品《斑僰》　2018级环境设计专业吴梦瑶设计

图5.56 植物造景小品《向光出发》 2018级环境设计专业朱洪娇设计

图5.57 植物造景小品《春日阳光》 2018级环境设计专业徐勤设计

图5.58　植物造景小品《花团锦簇》　2018级环境设计专业旷小鹏设计

图5.59　植物造景小品《一抹新绿》　2015级环境设计专业张伊倩设计

图5.60 植物造景小品《香花浪漫》 2018级环境设计专业高源设计

图5.61 设施小品《三五成群》 2018级环境设计专业陈月设计

图5.62　设施小品《林荫小憩》　2018级环境设计专业陈月设计

图5.63　水景小品《随风摆动》　2018级环境设计专业彭乐设计

图5.64 水景小品《相映成趣》 2018级环境设计专业谢航设计

图5.65 水景小品《僰入玉盘》 2018级环境设计专业代江华设计

图5.66　水景小品《错落有致》　2018级环境设计专业付泷设计

图5.67　水景小品《风起水动》　2018级环境设计专业张燕玲设计

图5.68　水景小品《层出不穷》　2018级环境设计专业古霞设计

图5.69　水景小品《轻风荡漾》　2018级环境设计专业高源设计

图5.70　水景小品《流水潺潺》　2018级环境设计专业张悦设计

图5.71　设施小品《左顾右盼》　2018级环境设计专业刘魏设计

图5.72　雕塑小品《伸向远方》　2018级环境设计专业李娜设计

图5.73　设施小品《驻足小憩》　2018级环境设计专业胡星设计

图5.74 设施小品《凹凸有致》 2018级环境设计专业赵雨欣设计

图5.75 设施小品《目不转睛》 2018级环境设计专业卿三润设计

图5.76 设施小品《僰境》 2018级环境设计专业刘澜设计

图5.77 设施小品《岁月穿梭》 2017级环境设计专业王雨设计

图5.78 设施小品《小中见大》 2018级环境设计专业李娅南设计

图5.79 设施小品《并肩前行》 2018级环境设计专业苏爱淋设计

图5.80　设施小品《意趣盎然》　2018级环境设计专业陈月设计

图5.81　设施小品《恬静时光》　2018级环境设计专业陈月设计

图5.82　设施小品《偶然撞见》　2018级环境设计专业陈月设计

图5.83　设施小品《流连忘返》　2018级环境设计专业陈月设计

图5.84　设施小品《左右逢源》　2018级环境设计专业胡俊立设计

图5.85　设施小品《午后阳光》　2018级环境设计专业徐文慧设计

图5.86　设施小品《遥望远方》　2018级环境设计专业袁锦江设计

图5.87　设施小品《缺一不可》　2018级环境设计专业袁锦江设计

图5.88　设施小品《望眼欲穿》　2018级环境设计专业缪维燕设计

图5.89　设施小品《不期而遇》　2018级环境设计专业谢飞燕设计

图5.90 设施小品《小憩一隅》 2018级环境设计专业蒋慧雯设计

图5.91 设施小品《伴您左右》 2017级环境设计专业王雨设计

二、文创产品设计

团队运用珙县僰人岩画图形再造模式进行文创产品设计时，不仅注重图形的再造，还注重作品的互动性，力图使每一件作品都能"一物多变""一物多用"。（图5.92—图5.98）

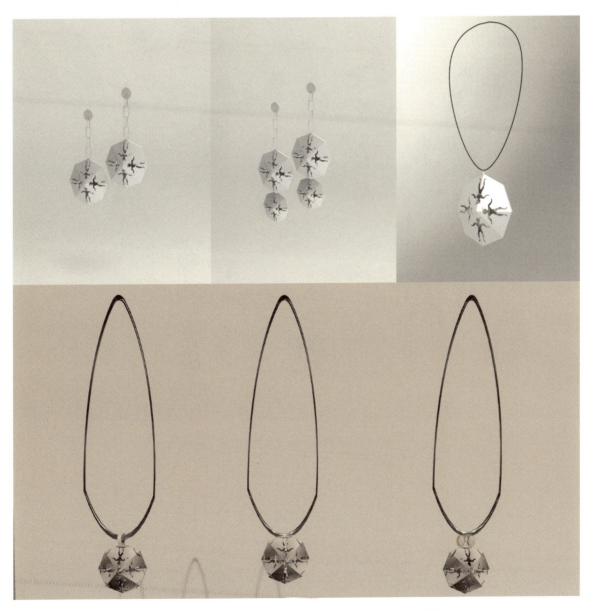

图5.92　金属饰品系列　2018级产品设计专业黄一希设计

图5.93　饼干模具　2017级环境专业潘雨设计

图5.94　竹材磁性互动玩具（一）　2017级环境设计专业潘雨设计

图5.95　竹材磁性互动玩具（二）　2017级环境设计专业潘雨设计

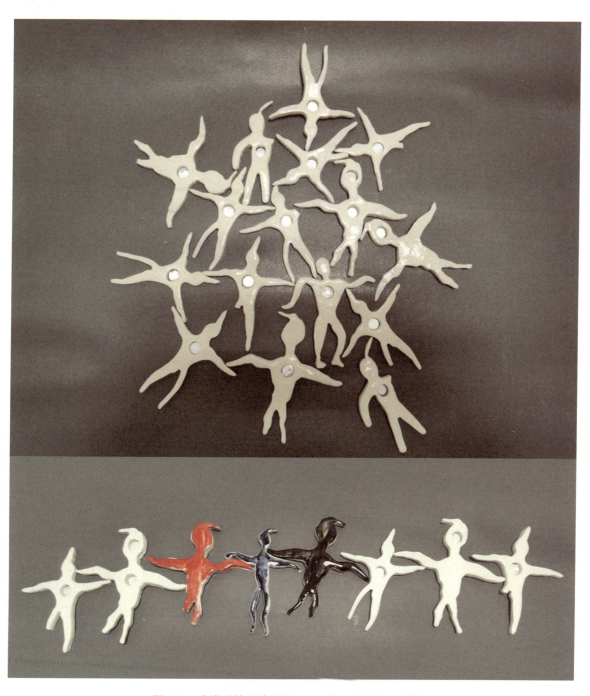

图5.96　陶瓷磁性互动玩具　2017级环境设计潘雨设计

图5.97　磁性任意拼装小夜灯　2017级环境设计专业潘雨设计

图5.98　磁性任意拼装笔筒　2017级环境设计专业潘雨设计

三、室内陈设设计

在创作室内陈设类作品时，首先结合作品功能选择适合的再造模式进行图形设计，其次尝试运用不同的材质表现再造图形，最后将再造图形与竹材、木材、陶瓷、布料等不同材质的专属优势巧妙结合，最终塑造出性格鲜明的室内陈设设计作品。（图5.99—图5.121）

图5.99　竹艺磁性互动装饰画（一）　2017级环境设计专业潘雨设计

图5.100　竹艺磁性互动装饰画（二）　2017级环境设计专业潘雨设计

图5.101 布艺掐画摆件（一） 2018级环境设计专业刘澜设计

图5.102　布艺掐画摆件（二）　2018级环境设计专业刘澜设计

图5.103　陶艺水景摆件　2013级环境设计专业赵宏伟、谭希庆设计

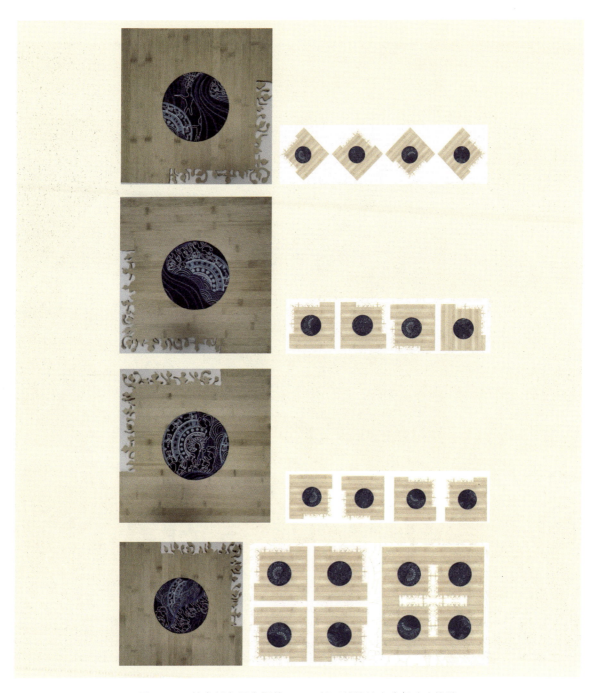

图5.104　竹布任意组合摆件　2019级环境设计专业杨映玫设计

图5.105　床上用品（一）　2019级环境设计专业杨映玫设计

图5.106 床上用品（二） 2019级环境设计专业邱燕设计

图5.107　布艺沙发靠垫（一）　2019级环境设计专业邱燕设计

图5.108　布艺沙发靠垫（二）　2019级环境设计专业邱燕设计

图5.109 布艺挂毯（一） 2019级环境设计专业邱燕设计

图5.110　布艺挂毯（二）　2019级环境设计专业邱燕设计

图5.111　布艺挂毯（三）　2019级环境设计专业邱燕设计

图5.112 布艺挂毯（四） 2019级环境设计专业邱燕设计

图5.113　布艺挂毯（五）　2019级环境设计专业邱燕设计

图5.114　布艺装饰画（一）　2019级环境设计专业邱燕设计

图5.115 布艺装饰画（二） 2019级环境设计专业邱燕设计

图5.116 布艺装饰画（三） 2019级环境设计专业邱燕设计

图5.117　布艺装饰画（四）　2019级环境设计专业邱燕设计

图5.118 布艺装饰画（五） 2019级环境设计专业邱燕设计

图5.119　**窗帘**　2019级环境设计专业邱燕设计

图5.120　编织地毯（一）　2019级环境设计专业邱燕设计

图5.121　编织地毯（二）　2019级环境设计专业邱燕设计

图5.120　编织地毯（一）　2019级环境设计专业邱燕设计

图5.121　编织地毯（二）　2019级环境设计专业邱燕设计

参考文献

[1] 黄华良，李诗文.悬崖上的民族僰人及其悬棺 [M].成都：巴蜀书社，2006.

[2] 黎成田.僰人与悬棺葬研究 [M].成都：四川科学技术出版社，2012.

[3] 黄培锦.僰文化探秘 [M].成都：四川民族出版社，2018.

[4] 屈川.都掌蛮：一个消亡民族的历史与文化 [M].成都：四川人民出版社，2004.

[5] 曾水向.悬棺与岩画 [M].成都：四川美术出版社，2003.

[6] 杨剑涛，张莉.僰国图志：僰人岩画图形与应用性创作研究成果汇编 [M].北京：中国人口出版社，2018.

[7] 荣耀良.中国岩画考察 [M].上海：上海人民出版社，2015.

[8] 陈兆复.中国岩画发现史 [M].上海：上海人民出版社，1991.

[9] 陈兆复.古代岩画 [M].北京：文物出版社，2002.

[10] 唐茜，康琳英，乔春梅.景观小品设计 [M].武汉：华中科技大学出版社，2017.

[11] 王晓晓，马新.景观小品设计 [M].重庆：重庆大学出版社，2020.

[12] 刘娜，格日勒，潘萌萌，马雪飞，魏栋.景观小品设计 [M].北京：中国水利水电出版社，2017.

[13] 陈宇.环境小品设计 [M].重庆：重庆大学出版社，2016.

[14] 尹影，李广.环境小品设计 [M].北京：北京理工大学出版社，2009.

[15] 罗君，胡燨月.景观小品设计 [M].成都：四川大学出版社，2023.

[16] 邓慧.景观小品设计 [M].沈阳：辽宁美术出版社，2020.

[17] 梁喜献.壮族元素与园林设计 [M].武汉：华中科技大学出版社，2018.

[18] 刘滨谊，刘谯.景观形态思维与设计方法研究 [M].上海：同济大学出版社出版，2018.

[19][美] 里德.从概念到形式 [M].郑淮兵，译.北京：中国建筑工业出版社，2010.

[20][美] 葛维汉.川南的"白人坟" [J].华西边疆研究学会杂志：第七卷，1935.

[21] 石钟健.石钟健民族研究文集 [M].北京：民族出版社，1996.

[22] 蒋万锡.重庆市博物馆.宜宾地区悬棺葬调查记 [J].考古，1981（05）：431—435.

[23] 徐艳.川南僰人岩画中的舞蹈图像判定 [J].贵州大学学报，2014（2）：111—116.

[24] 张利群.珙县僰人岩画艺术特点研究 [J].跨世纪，2008（11）：198.

[25] 屈川.川南"都掌蛮"岩画研究 [J].西南师范大学学报，2004（01）：131—135.

后　记

　　2013年，一本名为《都掌蛮——一个消亡民族的历史与文化》的著作让我认识了珙县僰人，走进了珙县僰人岩画的世界。

　　仔细翻阅对原珙县文化馆曾水向先生的访谈记录，以及珙县僰人岩画相关文献之后，带着忐忑又急切的心情，我走进珙县麻塘坝。触摸着高耸入云、近乎垂直的麻塘坝峭壁，小心寻找那些古老的岩画图形，最终从二百余处岩画遗迹里，我艰难地分辨出百余处岩画图形。

　　如何让这些兼具艺术审美特征与文字功能的率真岩画图形走下岩壁，走近我们呢？由此，我萌生了研究珙县僰人岩画图形的想法。借助2013年校级景观设计基础教材编著的契机，我开始深入研究珙县僰人岩画图形，并逐步梳理图形再运用方法和渠道；随后，通过地方传统文化资源融入景观小品设计课堂教学模式改革校级项目的立项审查，从建立母体元素库，到反复揣摩僰人岩画图形再设计方法，再到尝试将再设计方法运用到景观小品设计实践当中，阶段性尝试成果《僰人岩语》《僰源归驿·返璞归真》被确立为国家级大学生创新创业实践项目；而后，再通过校级景观小品设计课程思政示范课程立项审查，进而将总结出的珙县僰人岩画图形母体元素七种直接运用、二十三种裂变运用再设计模式分别运用于项目实践，实践成果《僰韵·手作竹木染》《古蜀僰乡·酒韵悠长》被确立为国家级大学生创新创业实践项目，《憩隅·僰韵》参加第十一届四川高校环境设计教学成果展获二等奖，《僰韵·手作竹木染》参加第十二届全国大学生电子商务"创新、创意及创业"挑战赛获四川省赛区一等奖，《僰·静》《僰·隅》《僰·憩》《僰·归》景观小品设计方案公开发表于核心期刊，《僰忆》《僰念》《僰境》《花僰》等取得外观专利证书。需特别说明的是，书中所用案例均是2013年至今我指导学生完成的珙县僰人岩画图形在景观小品、文创产品、室内陈设设计方向的再设计模式探索作品。

回顾研究历程，衷心感谢四川师范大学陶旭泉教授对本书的悉心指导，感谢宜宾学院张莉、毛小平副教授在现场调研比对等工作中的支持，感谢曾水向先生提供岩画临摹手稿，感谢摄影师牛牛的拍摄，感谢书中提到的所有和我一同运用再设计模式进行设计实践的同学，是你们的无私帮助才使《珙县僰人岩画图形研究》一书顺利付梓。